国家自然科学基金项目（71503255

经济管理学术文库·经济类

实验方法在
劳动经济学研究中的应用

Applications of Experimental Method to
Labor Economics Studies

翁　茜／著

经济管理出版社
ECONOMY & MANAGEMENT PUBLISHING HOUSE

图书在版编目（CIP）数据

实验方法在劳动经济学研究中的应用/翁茜著 . —北京：经济管理出版社，2018.5
ISBN 978 - 7 - 5096 - 5776 - 8

Ⅰ.①实…　Ⅱ.①翁…　Ⅲ.①实验方法—应用—劳动经济学—研究　Ⅳ.①F240

中国版本图书馆 CIP 数据核字（2018）第 084675 号

组稿编辑：张巧梅
责任编辑：张巧梅
责任印制：黄章平
责任校对：王淑卿

出版发行：经济管理出版社
　　　　　（北京市海淀区北蜂窝 8 号中雅大厦 A 座 11 层　100038）
网　　址：www. E - mp. com. cn
电　　话：(010) 51915602
印　　刷：北京玺诚印务有限公司
经　　销：新华书店
开　　本：720mm×1000mm/16
印　　张：9. 75
字　　数：114 千字
版　　次：2018 年 10 月第 1 版　　2018 年 10 月第 1 次印刷
书　　号：ISBN 978 - 7 - 5096 - 5776 - 8
定　　价：68. 00 元

前　言

　　实验方法是自然科学研究中最常用的方法之一。使用定量实验的方法可追溯到 16 世纪伽利略检验落体运动的原理。然而直到 20 世纪初期，如何构造一个与实验组相对的反事实控制组从而分析不同实验条件对要观测的现象的影响尚缺乏理论基础（List 和 Rasul，2011）。统计学家 R. A. Fisher 提出了重复、隔离和随机化的实验设计三要素，从而使得选用适当的统计方法对实验组和反事实控制组进行比较具有了理论依据（Street，1990）。由于经济学经验研究所使用的数据通常是在没有人为控制条件下产生的社会经济现象的观测数据，经济学通常并不被认为是一门实验科学。

　　劳动经济学作为经济学重要的分支学科，其研究内容非常广泛，概而言之，围绕劳动力供给、劳动力需求和劳动力市场展开，结果变量通常由个人或组织的行为和决策所决定。具体而言，一个人从出生到死亡的所有阶段的决策都属于劳动经济学的研究范畴，如生育决策、儿童早期干预决策、教育和培训等人力资本积累决策、劳动供给决策、劳动力市场歧视、组织激励机制和人事管理制度、婚姻市场决策、家庭生产决策、退休和养老决策等。劳动经济学研究中的核心问题是如何识别因果关系。然而，由于劳动经济学经验研究通常使用观测数据，几乎所有劳动经济学的核心研究问题都受到内生性问题的困扰，即与人力资本积累、自我选择进入劳动力市场和职业发展有关的个人决策和个人特征是同时决定的。此外，劳动力市场行为背后的许多关键变量（如动机、能力和偏好）在标准调查中很难被测量，即使被测量也存在测量误差。为了解决上述问题从而更好地识别因果关系，实验方法自20世纪20年代被引入劳动经济学研究当中，并在20世纪80年代中期以来成为了劳动经济学主流的实证研究方法（List和Rasul，2011）。

经济学实验是以真人为实验对象（即被试），通过给予其激励并控制实验条件比较实验对象在不同实验条件下的行为和决策来研究经济问题的方法。实验不仅是一种研究设计方法，也是创造和收集数据的方法。首先，实验方法的最大好处在于能够通过操控实验条件在实验中创建反事实情况，这些情况很难在现实中被同时观察到。其次，可以通过将不同的实验条件外生随机地分配给被试，从而尽量避免被试自选择所造成的内生性问题。实验方法在经济学中的应用也促使相应的对函数形式和分布假设稳健的计量经济学方法的发展，如半参数和非参数估计技术。最后，不可观测的个人或组织特征在有物质激励的实验环境当中的测量相较于标准调查中的测量要准确一些。

根据Friedman和Sunder（1994）的总结，经济学实验具有四大用途：第一，检验经济理论，即在精确控制和可测量条件下检验已经发展出来的经济理论，并观察现有理论是否能够很好地解释人们的行为和决策；第二，寻找经济规律，即探究未知的规律或知识，并将它们加以归类；第三，寻找对经济现象的解释，即当经济规律不断累积，可以据此提出新的理论来解释新观察到的这些经济现象或规律，识别哪些经济现象违背了已有的经济理论，并通过发明新的实验来检验新的理论；第四，对政策制定提供建议，如对市场机制设计和政策管制等问题进行研究。

经济学实验可以根据 Harrison 和 List（2004）提出的六个要素进行分类：被试群体的性质、被试带到实验中的信息的性质、实验中涉及的商品的性质、实验任务的性质、实验收益的性质和实验环境的性质。按照这六个要素，经济学实验可以被分为实验室实验、人工实地实验、框架实地实验和自然实地实验。实验室实验通常是在实验室内进行的，实验室通常是带有隔板的电脑终端以保证决策的匿名性；被试一般是大学生，被给予小额的物质（通常是金钱）激励，在反映研究问题的抽象的任务或博弈中进行决策，被试通常对实验任务并不了解；实验环境导致被试知道他们是在参与实验，即存在霍索恩效应。与实验室实验相对应的是自然实地实验，这类实验是在研究问题发生的真实环境中进行的，被试就是在这个环境中进行决策的主体；实验的激励和任务都是真实环境中的激励和任务，因此被试对实验任务有所了解，并且不知道他们是在参与实验。人工实地实验和框架实地实验介于实验室实验和自然实地实验之间：人工实地实验相对于实验室实验而言，将被试改为真实环境中进行决策的主体；框架实地实验进一步向自然实地实验靠近，除实验环境仍然是被试知道他们自己是实验环境的一部分外，其余均与自然实地实验相同。关于实验室和实地实验方法在劳动经济学中的具体应用研究实例参见 Charness 和 Kuhn（2011）以及 List 和 Rasul（2011）的综述。总体而言，实验室实验和实地实验方法各具优势：实验室实验对实验条件的可控性更强，而实地实验的对象、环境、任务、信息和收益等方面均更为真实，因此外部有效性更高。

本书以两个实验室实验和一个自然实地实验为例阐释了实验方法如何在劳动经济学中应用。

第一章考察了在团队成员具有相同收入和不同收入两种方式下共同身份和允许团队成员之间互相惩罚对于促进团队合作的相对重要性。本章采用重复公共物品博弈，设置相同或不同的初始禀赋、强或弱的身份认同以及允许或不允许团队成员之间互相惩罚这三个维度的不同组合条件。实验结果表明，不允许团队成员互相惩罚时，强身份认同可以抵消禀赋异质性对合作产生的负面影响；无论初始禀赋分布如何，惩罚都会促进合作；当允许惩罚时，强身份认同下同质性团队比异质性团队的合作程度更高，施加的惩罚也更重。本章的结果对于企业激励机制的设置具有重要的指导意义：先验的在团队成员之间设置异质性收入的方案应当谨慎实施；当惩罚和共同身份构建这两种机制均可被企业采用时，强力的惩罚比共同身份构建更有效。

第二章考察了在固定团队规模与成员组成的重复公共物品实验中，共同身份的构建对个体合作行为的影响以及如何因实验场次规模不同而有所差异。在实验研究中，尽管实验场次、规模可能会影响人们对他们之间联系强度的感知进而影响他们在互动中使用的策略，但是实验场次规模对实验结果的影响在很大程度上被已有研究所忽略。本书发现，构建的身份只有在实验场次规模较小且仅在实验初始阶段才会对合作产生显著的促进作用。在其他所有时期，无论实验场次规模如何，构建的身份对合作均无显著影响。身份认同在不同实验场次规模之间相同的零效应表明，在重复性博弈下，实验场次规模大小并不会成为混淆身份认同影响的因素。

　　第三章考察了雇主提供给员工的一种非物质激励对于吸引求职者的影响。通过在中国的一个网络招聘平台发布具有不同灵活条件（无灵活、时间灵活、地点灵活、工作时间和地点灵活）的真实职位招聘广告开展实地实验，本书探究内容包括：①灵活工作条件是否能够吸引更多求职者申请工作？②灵活工作条件会吸引哪种类型的求职者？③实验对求职者的后续申请行为有何影响？研究发现，灵活工作条件提高了求职者对工作职位的申请概率；灵活工作条件更多地吸引了女性、已婚、高学历和有经验的求职者；收到具有灵活工作条件的实验职位广告推送邮件且申请了实验职位提高了求职者在实验后对其他提供灵活工作条件的职位的关注和申请。

　　本书的出版感谢国家自然科学基金项目（71503255）的资助。

翁　茜

2018 年 4 月

目　录

第一章　身份认同、惩罚和禀赋分布如何影响团队合作

　　共同身份和允许团队成员之间互相惩罚被认为是减轻搭便车问题并促进团队合作的有效措施。本书在两种收入分配方式下考察这两种机制对于促进团队合作的相对重要性。我们采用重复公共物品博弈，设置相同的或不同的初始禀赋、强或弱的身份认同以及允许或不允许团队成员之间互相惩罚这三个维度的不同组合条件。实验结果表明，不允许团队成员互相惩罚时，强身份认同可以抵消禀赋异质性对合作产生的负面影响；无论初始禀赋分布如何，惩罚都会促进合作；当允许惩罚时，强身份认同下同质性团队比异质性团队的合作程度更高，施加的惩罚也更重。本书的结果对于企业激励机制的设置具有重要的指导意义：先验的在团队成员之间设置异质性收入的方案应当谨慎实施；当惩罚和共同身份构建这两种机制均可被企业采用时，强力的惩罚比共同身份构建更有效。

一、引 言

团队日益成为提升组织和企业绩效的一种重要途径。成功团队的一个共同基础理念是他们的成员之间能够紧密合作（Che 和 Yoo，2001）。然而，有效的团队合作面临一些挑战。如果薪酬是基于团队产出而非个人投入计算，搭便车问题便会出现，并且这个问题难以通过签订正式的合同而有所缓解（Alchian 和 Demsetz，1972）。过去的实验研究表明，团队合作难以依靠人们内在的利他动机来维系（例如，Andreoni，1995；Fischbacher 等，2001；Fischbacher 和 Gächter，2010）。因此，在员工中（集中）构建一个共同的身份或允许（分散）员工之间互相监督和惩罚被证明是减轻搭便车问题并促进团队合作的有效措施。社会身份理论（Tajfel 和 Turner，1979，1985）在组织行为文献中已经获得越来越多的关注（例如，Akerlof 和 Kranton，2000，2005，2008）。一些实验研究已经发现，强烈认同一个组织或团队可以增强合作（例如，Eckel 和 Grossman，2005；McLeish 和 Oxoby，2011）。[①] 惩罚，无论是金钱上的（如降低工资）还是非金钱上的（如社会压力或非议），也被证明是促进合作的一种重要手段（Fehr 和 Gächter，2000b；Masclet 等，2003；Kandel 和 Lazear，

---

① 另外一些与上述文献紧密联系的研究身份冲突的文献在合作（例如，Charness 等，2007；McLeish 和 Oxoby，2007）、协作（例如，Chen 和 Chen，2011；Chen 等，2014）、社会偏好（例如，Chen 和 Li，2009）以及规范执行（例如，Ruffle 和 Sosis，2006；Bernhard 等，2006；Goette 等，2006；Goette 等，2012a；Goette 等，2012b）等方面存在着对团队内成员的偏袒和对团队外成员的歧视。

1992；Mas 和 Moretti，2009）。①

　　团队的另外一个特征是，它们往往是由生产率、能力和动机不同的成员组成的。他们通常会被支付不同的薪酬以激励他们付出更多的努力并且激励他们远离其他的工作选择（Balafoutaset 等，2013）。现有研究收入分配（在同质性或异质性禀赋方面）在合作中作用的公共物品博弈并未获得一致的结论：Cherry 等（2005）发现收入的异质性对合作产生负向影响，Chan 等（1996）、Visser 与 Burns（2006）以及 Prediger（2011）则发现收入的异质性对合作产生正向影响，而 Hofmeyr 等（2007）则发现其不存在显著影响。然而，当分析成员收入具有异质性的团队中的个人行为时，现有研究一致发现低收入者往往比他们高收入的同伴更多地表现出合作行为（例如，Buckley 和 Croson，2006；van Dijk 等，2002）。此外，一些研究进一步探讨惩罚对规范执行在同质性团队中的作用能否推广到异质性团队中，它们不仅得到了肯定的答案，而且发现惩罚在异质性团队中往往具有与在同质性团队中类似甚至更高的功效（例如，Nikiforakis 等，2010；Visser 和 Burns，2006；Prediger，2011）。② Nikiforakis 等（2012）以及 Reuben 和 Riedl（2013）特别考量了规范性原则在同质性和异质性团队中对公共物品贡献的作用，以及旨在执行这些规范的惩罚行为的作用。这些研究发现，异质性收入对于团队合作起到阻碍作用，原因在于拥有不同收入的团队成员对于指导合作的公平原则中的平等、公平和效率的看法存在分歧，并且人们

---

　　① 然而，一些研究对惩罚的积极作用提出了质疑（Egas 和 Riedl，2008；Houser 等，2008；Abbink 等，2010），而且其中一些甚至发现了指向相对合作人群的反社会的惩罚（例如，Herrmann 等，2008；Nikiforakis，2008；Cinyabuguma 等，2006）。

　　② 除初始禀赋异质性外，异质性还可表现在对于公共物品贡献的不同边际回报上（例如，Isaac 和 Walker，1988；Fisher 等，1995；Carpenter 等，2009；Reuben 和 Riedl，2009），或诸如出席费等一次性支付的不同金额（例如，Anderson 等，2008）。

通常会自我选择对个人有利但可能会妨碍合作出现和持续的原则。

本书认为影响团队合作的三个维度包括：身份认同、惩罚和收入分配。尽管单独存在的身份认同和惩罚已被证明能促进合作，然而，我们目前尚不知晓其潜在的相互作用和相对重要性。诚然，当决定团队激励和组织设置机制时，身份认同和惩罚之间的相对重要性和相互作用是至关重要的。此外，探究身份认同对惩罚影响的研究很少，而且结果如何仍未有定论。[①] Chen 和 Li（2009）发现个人对于团队内部成员的不当行为的惩罚相对于团队外部成员更少，而McLeish 和 Oxoby（2007）却发现对团队内部成员的不公平待遇会引致更多的惩罚。本书对这两个问题将提供更多的证据说明。

此外，虽然前人在允许惩罚和不允许惩罚的条件下对收入分配对于团队合作的影响均已有所研究，但是收入分配是否以及如何影响身份认同的作用尚未被涉及。社会身份理论认为，当一个个体通过认知改变和感情投入能将自己归属到一个具有共同目标、价值观和行为规范的组织中，其目标、价值观和行为规范会与该组织趋同，从而能够提高团队的凝聚力和协作有效性（Lembke 和 Wilson，1998）。因此，本书的另一个目标是探究成员之间收入不同的团队中成员对于指导合作的规范性原则的分歧和自我服务偏见是否可以通过构建一个强的身份认同来缓解甚至得以解决，从而使得成员对于贡献规范能够达成一致并且被执行。

本书采用实验室实验探究身份认同和惩罚、身份认同和收入分配对于团队合作的交互影响，以及身份认同和收入分配对惩罚行为的交互影响。我们通过将一个实验场次内的所有被试纳入面对面的

---

① 惩罚除了由参加之前实验的相同的被试施加之外，还可能采取第三方惩罚的方式（例如，Bernhard 等，2006；Goette 等，2006；Goette 等，2012a；Goette 等，2012b）。

身份构建活动来构建强的共同身份，这项活动在弱身份认同的实验局则未被开展。我们通过重复线性公共物品博弈中对公共物品的贡献来衡量合作的程度。我们区分公共物品博弈中团队成员初始禀赋分布的两种情形：一种是团队成员享有相同的初始禀赋（同质性团队）；另一种是团队成员根据其生产率在团队内部的排名被赋予不同的初始禀赋（异质性团队），但团队的总禀赋与同质性团队的总禀赋相同。生产率排名是根据被试在一个知识问答测验中的表现来决定的。为了比较允许惩罚和不允许惩罚条件下的个人行为差异，我们在其中的一半实验局中在公共物品博弈后增加了第二个阶段，在此阶段被试拥有惩罚其同一团队中其他成员的机会。

我们发现，在团队层面，当不允许惩罚时，初始禀赋异质性会对合作产生负面影响，但强身份认同可以抵消这种负面影响。但是，与同质性团队相比，强身份认同并不会更多地提升异质性团队中的合作。无论身份认同的强弱以及初始禀赋分布如何，惩罚的引入都成功地提升并维持了合作。当允许惩罚时，强身份认同下同质性团队比异质性团队的合作程度更高，施加的惩罚也更重。然而，强身份认同在两种初始禀赋分布下均不能进一步促进合作或增加惩罚。强身份认同在允许惩罚条件下也不会比不允许惩罚条件下更能促进合作。在异质性团队中，初始禀赋较低者往往表现出相对于禀赋而言更高程度的合作，并与禀赋较高者的惩罚力度相似。强身份认同在贡献或惩罚行为中均未发挥作用。

二、文献综述

在本节中，我们将依次回顾我们实验的三个维度：收入分配、身份认同以及惩罚和我们关心的结果变量——合作之间关系的文献。

1. 收入分配与合作

公共物品博弈的设置很适合用来研究工作场所或更广泛范围的社会上的合作行为。Warr（1983）及后来的 Bergstrom 等（1986）从理论上研究了收入分配和公共物品提供之间的关系，并且证明当对公共物品的贡献在均衡中为正时，贡献者之间收入的重新分配将不会影响贡献总额。为了检验收入分配的中性定理，研究者在公共物品博弈中通过赋予团队成员不同的初始禀赋来体现其收入异质性，并进行了多项实验。总体而言，实验发现收入分配对公共物品的贡献是有影响的，但是影响的方向是不一致的。Ledyard（1995）总结了五项线性公共物品实验研究并得出在信息完整时初始禀赋的异质性通常会减少对公共物品贡献的结论。Cherry 等（2005）在实验室实验中研究了完整信息情形下的线性公共物品博弈中初始禀赋异质性和初始禀赋来源（随机分配或挣得）对公共物品贡献的影响。他们的研究结果表明，异质性初始禀赋团队对公共物品的团队平均贡献额显著低于同质性初始禀赋的团队，贡献水平与初始禀赋的来源无关。相反，Chan 等（1996）通过改变非线性公共物品博弈中的收入分配，发现只有当初始禀赋的分布在一个团队中足够分散时，团队平均贡献额才会显著增加。Visser 和 Burns（2006）以及 Prediger（2011）都在存在收入异质性的非洲社区进行了线性公共物品博弈，均发现异质性对团队平均贡献率存在正向影响。最后，Hofmeyr 等（2007）发现同质性和异质性初始禀赋的团队之间的平均贡献率不存在显著差异。

当考察异质性禀赋个体的贡献行为时，一种新理论试图基于包含分配公平性的效用函数进行预测，如 Fehr 和 Schmidt（1999）以及 Bolton 和 Ockenfels（2000）中的模型。在这些模型中，个体不仅关心自己的物质收益，而且关心物质收益在个体之间的分配。例如，Fehr 和 Schmidt（1999）假设个体是不平等规避的，即他们和群体中的其他个体相比物质收益过少（对其不利的不平等）或过多（对其有利的不平等）都会导致效用的损失（前者大于后者），他们愿意放弃一些物质收益以实现更平等的分配结果。因此，这些模型预测高收入者会比低收入者贡献个人收入的更大比例到公共物品中［参见 Buckley 和 Croson（2006）的证明］。然而，实证证据显示恰恰相反。Chan 等（1996）的研究表明，与理论对于非线性公共物品博弈中个人贡献率的预测相比，高初始禀赋的被试贡献不足，而低初始禀赋的被试则过度贡献。Buckley 和 Croson（2006）利用线性公共物品博弈发现，低禀赋被试与高禀赋被试对公共物品贡献大致相同的绝对数量，但贡献额占初始禀赋的比例则要高得多。Prediger（2011）发现，低初始禀赋被试的贡献比例高于高初始禀赋被试的贡献比例，也高于同质性团队中被试的贡献比例。Dijk 等（2002）甚至在绝对贡献额方面也获得了这样的发现。然而，Hofmeyr 等（2007）以及 Reuben 和 Riedl（2011）发现，高低初始禀赋的被试贡献给公共物品的贡献额和贡献率均在统计上相同。

2. 身份认同与合作

长久以来，社会身份的概念一直被社会心理学、社会学、人类学和政治学等科学作为理解和解释现象的重要概念。社会身份理论由 Tajfel 和 Turner（1979）提出，试图理解群体间歧视的心理学基础。根据这个理论，分类、识别和比较是社会身份的三个主要组成要素。此理论预测，群体身份会形成对内部成员的偏好和对外部成员的歧视。大量的实验无论是通过启动/唤醒自然社会身份还是通过构建（只在实验中存在的）身份的方式，均已经检验和证实了这一预测（参见 Tajfel 和 Turner 于 1986 年的综述）。

将身份认同的概念系统地引入经济学分析始于 Akerlof 和 Kranton（2000），他们提出了一种效用函数，其中身份认同与不同的社会类别和预期的行为规范相关联，违背规范将会带来负效用。他们采用这个模型来分析工作场所的性别歧视、贫困与社会排斥、家庭劳动分工（Akerlof 和 Kranton，2000）、教育经济学（Akerlof 和 Kranton，2002）以及组织经济学（Akerlof 和 Kranton，2005）。后来的一些模型考察了身份认同在生活各个方面的作用，如监督和工人身份（Akerlof 和 Kranton，2008）、身份和种族冲突（Basu，2005），利他主义和群体身份在解释诸如合作等涉他偏好中的相互作用（Basu，2010），以及引致身份投资的信仰管理和认知机制（Bénabou 和 Tirole，2007）等。

近年来，已经出现了一些关于群体身份认同的经济学实验研究。虽然研究问题和实验设计有所不同，但他们要么通过启动/唤醒自然社会身份的方式，要么通过构建（只在实验中存在的）身份的方式，并发现群体身份对个体行为存在显著影响。通过启动/唤醒自然社会身份认同的实验发现，当与群体内部成员互动时，人们表现得更加合作和协作（例如，Ruffle 和 Sosis，2006，关于社会身份认同；Goette 等，2006，关于组织身份认同；Castro，2008，关于公民身份认同；Chen 等，2014，关于种族和组织身份认同），更愿意惩罚违反规范使群体内部成员受到伤害的行为，并且对群体内部的规范违反者更加宽容（例如，Bernhard 等，2006，关于部落身份认同；Goette等，2006，关于组织身份认同），增加对群体内部陌生人的信任（例如，Falk 和 Zehnder，2007，关于地区身份认同；Tanaka 等，2009，关于种族身份认同），制度上偏好的群体表现出更好的成绩和更高的收入（Afridi 等，2015），以及表现出在时间和风险偏好上的民族和种族的一致性（Benjamin 等，2010）。

与通过启动/唤醒自然社会身份的方式相比，通过构建（只在实验中存在的）身份的方式可以对身份构建的过程施加更多控制。个人行为受到构建的身份认同的影响程度取决于身份认同的强弱程度。Charness 等（2007）使用两性战争博弈和囚徒困境博弈探讨了群体成员身份对个人行为的影响。他们发现，仅仅按照"最小群体"（Minimal Group）的方式将一个群体分成身份不同的两群人不足以在统计上显著地区分与群体内部和群体外部成员的合作率。然而，当通过在个人做出决策时群体内部成员作为观众，或群体内部成员之间进行收益分享的方式使群体身份更加突出时，与群体内部成员相遇时的合作程度显著高于与群体外部成员相遇时的合作程度。Smith（2010）以及 Chakravarty 和 Fonseca（2010）研究了在重复线性公共物品博弈中，成员总数固定但具有两种不同身份的成员数量不同的团队构成如何影响合作。两个研究均发现，对公共物品的贡献额会随着团队内两种不同身份的成员数量差距扩大而下降。然而，关于多数和少数成员行为的两个研究的发现却不同：Smith（2010）发现多数成员的贡献额高于少数成员，而 Chakravarty 和 Fonseca（2010）却发现不存在任何差异。McLeish 和 Oxoby（2007）使用重复议价博弈来研究对于群体内部和群体之间身份的威胁对群体合作和惩罚的影响。他们发现，来自外部群体的负面意见（作为对群体之间身份的威胁）可以强化群体的身份认同，从而加强群体内部的合作。另外，对群体内部成员（作为对群体内部身份的威胁）的不公平对待行为会招致比对群体外部成员的不公平对待行为更多的惩罚。Chen 和 Li（2009）采用一系列双人序贯博弈研究了构建的身份认同对社会偏好的影响，并且发现被试在分配、互惠和效率等偏好方面表现出对于群体内部成员比群体外部成员更高的利他行为。Chen 和 Chen（2011）提出了一个基于群体的社会偏好模型，并使用最小努力博弈来检验此模型对于群体身份与均衡选择之间关系的预测。他们发现，如果在两个群体内部成员之间进行博弈，则强群体身份认同显著提高了协作率并达到有效的高努力均衡状态；而如果参与博弈的双方来自不同群体，则此均衡无法达成。Heap 和 Zizzo（2009）使用了"最小群体"的设计来构建身份认同，在随后进行的信任博弈中，他们发现对群体内部成员不存在偏好，但对群体外部成员则存在歧视，并且群体身份带来了心理上的益处。

相对而言，较少的研究在不引入群体内部成员和外部成员之间的身份冲突的情况下来考察身份认同在个人决策中的作用。McLeish 和 Oxoby（2008）实施了三个实验局，其中被试分别被启动/唤醒了组织身份认同、被启动/唤醒了独特的个人身份或未被启动/唤醒特定的身份，然后比较了被试在最后通牒博弈中的决策。他们发现，被启动/唤醒了组织身份认同的实验局合作程度最高，而被启动/唤

醒了独特的个人身份的实验局的合作程度最低。Eckel 和 Grossman
（2005）将重复公共物品博弈描述成了一个团队生产问题，研究不同
强度的构建身份认同对合作行为的影响。他们发现，仅仅将被试识
别为一个团队的成员，并不能影响合作行为；但是在完成团队生产
任务之前首先进行诸如解决团队问题的身份提升活动时，团队合作
会显著增加。他们的发现表明，强的团队身份认同可能有助于减少
在团队环境中偷懒和搭便车行为的发生。Sutter（2009）进行了一项
投资实验，发现具有凸显的团队身份认同的个人投资决策在很大程
度上与以团队为单位所做的投资决策相似，而以团队为单位所做的
决策比个人决策要更加理性。团队身份的凸显是通过团队成员之间
的收益共享和消息交换来建立的。他们的发现表明，即使在没有外
部团队的情况下，凸显的团体身份认同也会强烈影响非策略性决策
中的个人行为。

3. 惩罚与合作

分散的需要付出代价的同伴惩罚是搭便车问题的常见解决方案。
这种惩罚在改善和维持合作方面的功效在社会困境实验中多次被检
验，并得到了广泛的支持。Ostrom 等（1992）的研究表明，在重复
的共有资源博弈中，这种惩罚的存在大大增强了盗用者之间的合作。
Fehr 和 Gächter（2000b，2002）使用公共物品博弈得到合作增加且
惩罚频繁发生的结论。即使被试只相遇一次（此时不存在声誉建立
的策略性动机），甚至只在实验的最后一轮相遇，这种结果也得以支
撑。这与经济理论对于经济活动主体理性和纯粹自私的预测形成鲜
明对比：由于惩罚代价高昂，对施罚者没有任何实质性收益，所以
在均衡中收益最大化的个体将永远不会惩罚他人。

一些理论已经被用于解释为什么惩罚机会的存在可以维持合作的实验证据。诸如 Fehr 和 Schmidt（1999）考虑了分配问题的模型表明，如果不平等规避的人选择合作而其他人选择不合作（搭便车者），这样导致不平等规避的人比搭便车者的物质收益少，如果他们强烈感到不满，那么他们愿意自己承担成本也要制裁这些搭便车者。如果搭便车者认为惩罚的威胁是可信的，他们将会为公共物品做出贡献，这意味着合作可以保持在较高水平。诸如 Rabin（1993）以及 Dufwenberg 和 Kirchsteiger（2004）等构建的模型对考虑了分配问题的模型形成了互补，这些模型包含了对于互惠的考量，即人们对他人的友好行为回报友善，而对敌对行为进行反击。他们明确地说明了人们行为背后的意图所起的作用，而意图又取决于个体对于行为造成的收益分配的平等性的信念。由于消极互惠的人愿意付出相应的代价而使他们的行为体现互惠的意图，自私的人将会为避免惩罚而做出贡献（Fehr 和 Gächter，2000a）。

大量的研究都遵循 Fehr 和 Gächter（2000b，2002）的实验设计来回答密切相关的研究问题，如人们互动的持续时间长短对惩罚效果的影响（Gächter 等，2008）、惩罚的成本和效益比较（Carpenter，2007a；Nikiforakis 和 Normann，2008；Egas 和 Riedl，2008）、人们对于惩罚的需求（Anderson 和 Putterman，2006；Carpenter，2007b）、奖惩之间的相互作用（Sefton 等，2007）以及反惩罚（例如，Nikiforakis，2008；Cinyabuguma 等，2006；Denant－Boemont 等，2007）等。虽然他们总体上都获得了与 Fehr 和 Gächter（2000b，2002）类似的结果，但 Chaudhuri（2011）阐述了和有代价惩罚相关的问题。首先，惩罚本身会创造二级公共物品，即惩罚不仅应该针对其他人贡献的搭便车者，而且也应该针对那些可能对公共物品贡献但免费搭乘他人惩罚的非惩罚者。其次，有代价惩罚的效率的含义并不明确。最后，部分以策略性的考虑为动机和部分以对受到的惩罚进行回报为动机的"反社会"惩罚的存在，与没有惩罚的对照组相比，可能不仅没有增加合作，而且降低了效率。此外，一些实验比较了货币性和非货币性的惩罚（即不赞同他人的决定）的影响，并发现货币性的惩罚对于促进合作更有效（Masclet 等，2003；Noussair 和 Tucker，2005）。其他实验进一步扩展研究了非惩罚性机制的作用，如沟通、外生性和内源性匹配因素在促进合作中的作用（Bochet 等，2006；Rege 和 Telle，2004；Gächter 和 Thöni，2005；Gunnthorsdottir 等，2007；Page 等，2005）。

与上面总结的使用同质群体作为研究对象的大量证据相比，对于异质性人群的惩罚效果知之甚少。Nikiforakis 等（2010）改变了团队成员的平均惩罚效力和团队成员之间惩罚效力的不对称水平，且发现非对称惩罚机制在促进合作方面与对称惩罚机制同样有效。在个人层面上，拥有较高惩罚效力的被试与拥有较低惩罚效力的被试对公共物品的贡献额相似，但收益更高，惩罚力度也更大。在团队成员拥有不同初始禀赋的研究中，Visser 和 Burns（2006）以及 Prediger（2011）发现，异质性团队的团队平均贡献水平更高，而施加的惩罚在同质性团队中更加频繁且力度更大，并且异质性团队中不同初始禀赋的个人具有相似的惩罚需求；Reuben 和 Riedl（2013）发现，惩罚行为和贡献与最大可能贡献成比例的相对贡献规范是一致的。

三、实验设计

该实验采用 2×2×2 的完全析因设计。在第一维度中，我们通过给一个团队的被试相同或不同的初始禀赋来变化禀赋分布，从而创造出同质性或异质性的团队。在第二维度中，我们通过进行或不进行一个身份构建活动来调整身份认同的强弱程度。第三维度涉及被试是否有机会惩罚团队中的其他成员。这一共产生了 8 种不同的条件组合，每一种条件组合都是一个实验局，如表 1-1 所示。此实验共分三个阶段进行：第一阶段是身份构建阶段，第二阶段是初始禀赋决定阶段，第三阶段是重复线性公共物品博弈阶段。

表 1-1　实验局

实验局	初始禀赋分布	身份认同	惩罚
同质—弱身份—无惩罚	同质	弱	无
异质—弱身份—无惩罚	异质	弱	无
同质—强身份—无惩罚	同质	强	无
异质—强身份—无惩罚	异质	强	无
同质—弱身份—有惩罚	同质	弱	是
异质—弱身份—有惩罚	异质	弱	是
同质—强身份—有惩罚	同质	强	是
异质—强身份—有惩罚	异质	强	是

实验的第一阶段是身份构建阶段，此阶段仅包含在四个强身份认同实验条件中。一个实验场次中全体被试都要参加一个"解套"

游戏，这个活动会在进入实验室前在另一个房间进行。所有被试面对面、肩并肩站立，围成一个圈。他们首先被要求通过举起双手并伸手与其他两名不直接站在他们两侧的被试牵手，左手牵左手，右手牵右手，以形成一个套子。当确认套子已经被搭建好后，被试被要求解开套子并形成一个或多个没有交叉手臂的圆圈。他们在解套过程中不能松开牵着的手，如果有人松手将被要求立刻牵回同一双手。无论套子是否被成功解开，实验都会持续大约10分钟。选取这样一个身份构建活动的原因在于它是一个被运用于现实世界中任职培训或项目培训以在新成员之间或来自不同部门的成员之间加深相互了解、培养共同目标以及产生组织归属感的典型活动。在游戏过程中，交流是被允许的。实验者发现游戏引发了团队成员之间广泛的沟通。在身份构建活动结束后，被试被带入实验室。在四个弱身份认同实验条件中，一旦所有人到齐，被试直接进入实验室，但是他们在等待实验开始时有机会互相见面。

实验的其余部分在实验室进行，在实验室中，被试首先被要求坐在隔离的计算机终端前并被给予一份实验指令，同时实验者会大声朗读该实验指令。在实验的第二阶段，被试单独回答由20个一般性知识问题构成的6分钟小测验。测验表现决定了在公共物品博弈中异质性团队中各成员的初始禀赋水平，即回答正确的问题个数越多，其禀赋水平越高。此测试被用来创造对禀赋是挣得的获得感（例如，Hoffman 和 Spitzer，1985；Gächter 和 Riedl，2005）且证明异质性团队内初始禀赋不平等的公平性。为了使各实验局之间可比，我们在团队成员拥有相同初始禀赋的实验局中也加入了知识问答测验，尽管测验中的表现并不会影响同质性初始禀赋团队中各成员的禀赋水平。

在实验的第三阶段，每个实验场次中的 24 名被试被随机分成四名成员一组的六个团队，并由每个团队进行十轮被描述成团队生产问题的公共物品博弈。每轮中每个团队成员的组成不变。选用固定同伴而非陌生人匹配的原因在于我们希望模拟现实生活中人们通常在相对固定的团队工作和在一段时期内重复交往的情境。[①] 被试知晓他们的团队由他们和其他三人组成，但他们的身份在整个实验过程中是保持匿名的。

在每一轮的开始，每个被试被赋予了固定数量的实验货币 E_i。他们同时且独立决定了如何在个人与团队工作（代表公共物品）之间分配初始禀赋。通过自由选择一定数量的初始禀赋 c_i（$0 \leqslant c_i \leqslant E_i$）贡献给团队工作，剩下的禀赋 $E_i - c_i$ 会被自动认为分配给个人工作。一个被试为个人工作分配的每一个单位初始禀赋会产生一个单位回报，然而来自团队工作的回报是团队所有成员分配给团队工作的初始禀赋总和的 50%，即对公共物品的贡献的边际人均回报率为 0.5。在异质性团队中，每个成员根据知识问答测验中的表现来排序，分别被赋予 80 单位、60 单位、40 单位和 20 单位的实验货币。在同质性团队中，每个成员被赋予 50 单位的实验货币。被试 i 每轮的回报由式（1-1）给出：

$$\pi_i^c = (E_i - c_i) + 0.5 \sum_{h=1}^{4} c_h \tag{1-1}$$

在允许惩罚的实验局中，我们在公共物品博弈后添加了第二个阶段。被试被告知团队其他成员贡献给团队工作的禀赋占总初始禀

---

① 对于固定同伴和陌生人匹配的实验文献可参见 Botelho 等（2009）的综述。作者进一步比较了公共品博弈中随机陌生人匹配（两个被试可相遇多次）与完全陌生人匹配（两个被试只相遇一次）的形式，发现与完全陌生人匹配的形式相比，随机陌生人匹配中对公共物品贡献的被试所占比例显著要少。

赋的比例，即贡献率，并赋予他们相互惩罚的机会。① 成员 i 能对同一个团队中的成员 j 分配的惩罚点数用 p_{ij} 表示（$i \neq j$）。每个团队成员在没有交流的情况下同时做出惩罚决定。然而，惩罚是须付出代价的，每一个惩罚点数会减少被惩罚成员 3 个单位及施罚成员 1 个单位的收入。因此，被试 i 在每轮的最终收入为：

$$\pi_i^p = \pi_i^c - \sum_{\substack{j=1 \\ j \neq i}}^{4} p_{ij} - 3 \sum_{\substack{j=1 \\ j \neq i}}^{4} p_{ji} \qquad (1-2)$$

其中，式（1-2）意味着在一个给定的轮次内可能出现负的收入。为了降低此情况发生的可能性，我们限定因惩罚带来的收入减少不能超出来自贡献阶段的收入，即 $3 \sum_{\substack{j=1 \\ j \neq i}}^{4} p_{ji} \leqslant \pi_i^c$。此外，一个被试最多能分配 25 个惩罚点数给任何一个团队中的其他成员，即 $p_{ij} \leqslant 25$，$j = 1，2，3，4，j \neq i$。尽管存在上述限制，负收入在一些极端的情况中仍可能会出现，如一个被试在公共物品贡献阶段的收入很少，且在惩罚阶段受到相当大的惩罚并施加了相当大的惩罚。负收入在 1920个可能出现的情形（192 个被试 × 10 轮）中仅发生 3 次；这些损失均被先前轮次的累计收入所弥补。正如在包含惩罚的公共物品博弈中常见的做法那样，我们给予每个被试一次性的 50 个单位实验货币以弥补在实验中可能发生的负收入的情形。然而，在我们的实验中，

---

① 我们选择相对贡献率而非绝对贡献量，是为了保证初始禀赋水平的匿名性，以避免个人声誉的形成。正如 Nikiforakis（2010）所指出的，我们认识到不同的反馈形式对惩罚效力的影响可能不同。作者设计了三种反馈形式——被试在进行惩罚决策前收到关于团队其他成员的贡献、收入或贡献与收入兼有，发现相比于贡献反馈，收入反馈导致显著低的合作与效率。尽管如此，本书仍采用在公共品博弈中最普遍的反馈形式，即贡献反馈。显示相对贡献率的一个潜在缺陷是我们从外部强加给被试一个相对贡献的规范。Brekke 等（2012）在一个成员拥有不同初始禀赋的团队重复门槛公共品博弈中比较了三种决策变量构造方式——绝对贡献量、贡献相对于禀赋的比率以及保留的初始禀赋数量——对于合作影响的效果（即三种方式下贡献对最终报酬的影响）。他们发现，对于高初始禀赋和低初始禀赋水平的成员来说，绝对贡献数量在绝对和相对的变量构造方式之间均无显著差异。他们的发现从某种程度上来说减少了本实验对外部强加的规范的担忧。此外，我们了解到对公平贡献规则的不同观点，参考 Reuben 和 Riedl（2013）与 Brekke 等（2012）的研究以获取对此问题的详细讨论。

没有被试最终发生这样的损失。

初始禀赋分配原则、收益方程参数设置、实验持续时间（十轮）和实验指令均为公共信息。在做出正式决策之前，被试会被要求回答一些控制性问题以保证他们准确地了解实验的特征。在没有任何惩罚的实验局中，每轮博弈最后被试都会被告知他们团队的整体贡献、他们的个人收益以及其他队员当期的贡献率。在包含惩罚的实验局中，每轮博弈最后被试被告知公共物品博弈贡献阶段的收入和施加惩罚的相关成本。他们也会被告知受到的全部惩罚、减少的收入以及根据式（1－2）得到的本轮实验的最终收入。为了避免个人声誉的形成，团队内的四个被试都被随机分配了 1～4 的数字来标识他们的决策，并且这些数字在每轮之间都会随机变换。

本实验是在北京师范大学经济与工商管理学院实验室使用 z－Tree（Fischbacher，2007）进行的。这所大学坐落于北京市中心，且拥有大约两万名全日制学生。被试招募是通过在电子布告栏系统以及全校教学楼和宿舍楼布告栏中发布招募信息完成的。我们共有 384 个被试[①]，每个实验局 48 个。所有的被试都只能参加一场实验，并且他们除自己参与过的实验局外不知道其他实验局的存在。为了控制实验效果，两个不为被试知晓的实验人员负责所有实验的开展。为了保证实验结果是匿名的，被试在实验开始就被告知他们会在另一个房间单独收到实验报酬，并且在实验结束后他们会相继离开以保证他们不会与其他被试相遇并交流。实验的最终收入是将每轮实验的报酬加总按照一单位实验货币兑换 0.1 元人民币的汇率计算的，外加 10 元人民币的出场费。平均而言，在包含（不包含）惩罚的实

---

① 所有被试都是中国公民和不同专业的大学生。

验局中，实验平均持续了大约76（104）分钟，包括上述描述的阶段以及实验后涉及基本特征、教育背景、过去的捐赠行为以及对于所在团队的看法等的调查问卷。被试在包含（不包含）惩罚的实验局中的平均收入为80.9（94.6）元人民币[1]，这些收入包含出席费以及包含惩罚的实验局中的一次性支付的费用。

四、行为假设

本节基于理论和现有经验证据提出收入分配和身份认同强度如何影响合作和惩罚行为的假设。假设参与经济活动的个体都是理性的并且仅仅追求自利的物质回报。新古典主义经济理论认为，不论收入分配、身份认同凸显或是否存在惩罚机会等条件如何改变，这些经济人都不会在线性公共物品博弈中对公共物品做出任何贡献。但是，有相当多的实验证据表明，由于人们在社会交往中会被涉他偏好驱动且难以忽视他们对公平和互惠的关注，因此新古典主义模型并不能很好地预测人们在很多情况下的实际行为。

1. 不允许惩罚时的贡献行为

一个突出的共同的组织或团队身份会对个体的亲社会行为产生积极的影响，这在社会心理学和经济学文献中已有记载。特别是，

---

① 实验时的平均汇率是 1 美元 = 6.48 元人民币；北京大学生在实验进行时的平均每小时工资大约为 50 元人民币。

强身份认同可以减少同质性初始禀赋团队中的"搭便车"行为（Eckel 和 Grossman，2005）。我们预期共同的身份对于贡献的积极影响可以扩展到异质性禀赋的团队中。强身份认同很可能会减轻异质性禀赋成员对于指导合作的规范性原则的分歧和自我服务偏见的问题，从而使得成员对于贡献规范能够达成一致并且被执行，因此我们提出以下假设：

假设 1.1：当不存在惩罚机会时，具有强身份认同的异质性禀赋团队（异质—强身份—无惩罚）在团队层面的平均贡献率和每个禀赋水平成员的平均贡献率均将高于具有弱身份认同的异质性禀赋团队（异质—弱身份—无惩罚）。

鉴于强身份认同预计均能增加同质性团队和异质性团队的贡献率，一个相关的问题是身份认同的作用在这两种团队情境中的哪一种更强。虽然现有的理论和经验证据不能提供任何可比的结果，我们可以进行如下推理。当较强的身份认同被构建时，由于平均初始禀赋在两种类型的团队中是相同的，因此可以认为由强身份认同带来的团队成员之间的共同性对同质性和异质性团队的平均贡献将产生相似的积极影响，而且强身份认同对于异质性团队中各初始禀赋水平个体的影响也可能是相似的。与此同时，异质性团队中低初始禀赋者对于高初始禀赋同伴的潜在妒忌会被强身份认同削弱，这将进一步增加低初始禀赋者的相对贡献。例如，Chen 和 Li（2009）发现，当两个群体内成员相遇时，与一个群体内成员和一个群体外成员相遇时相比，被试的妒忌会下降93%。结合这两种效应，我们提出以下假设：

假设 1.2：当不存在惩罚机会时，强身份认同使得异质性团队［包括（异质—强身份—无惩罚）和（异质—弱身份—无惩罚）］的平均贡献率比同质性团队［包括（同质—强身份—无惩罚）和（同质—弱身份—无惩罚）］的平均贡献率增长更加显著。

在异质性团队中，仍然存在高低初始禀赋成员是否贡献相同（绝对或相对）数量的问题。一些研究发现，低初始禀赋成员比高初始禀赋同伴贡献他们禀赋相对更大的部分（Cherry 等，2005；Buckley 和 Croson，2006）。这表明人们并非足够不平等（Fehr 和 Schmidt，1999；Buckley 和 Croson，2006）。相反，他们以自我服务的方式选择能使他们获得最大收益的规范性原则来指导行为（Nikiforakis 等，2012）。我们预测，如果由于低初始禀赋者对高初始禀赋同伴的潜在妒忌会被强身份认同削弱，这种模式也将获得支持甚至被放大。

假设 1.3：在异质性团队中，存在强身份认同且不允许惩罚时，低初始禀赋成员会比高初始禀赋成员贡献他们禀赋中相对更大的部分（异质—强身份—无惩罚）。

2. 允许惩罚时的贡献行为

重复公共物品博弈的结果显示，允许对团队中其他成员进行惩罚可以增强并维持合作。如果不平等规避的被试选择合作而其他团队成员选择不合作（搭便车者），这样导致不平等规避的人比搭便车者的物质收益少，如果他们感到强烈不满，那么他们愿意即使自己承担成本也要制裁这些搭便车者（Fehr 和 Schmidt，1999）。另外，如果搭便车者认为惩罚的威胁是可信的，他们将会为公共物品做出贡献，这意味着合作可以保持在较高水平（Fehr 和 Gächter，2000a）。惩罚的效力也被证明能够扩展到异质性初始禀赋的团队环境中（例如，Visser 和 Burns，2006；Prediger，2011；Reuben 和 Riedl，2013）。这些发现都是在没有强身份认同的情境下得出的。如果团队成员拥有强身份认同，结果将如何？答案取决于身份认同和惩罚对于贡献的作用的相对强度，以及两者之间潜在的相互作用。如果强身份认同使得贡献率大大增加，引入惩罚对于提高贡献行为造成的额外影响空间将非常小。反之亦然，如果惩罚机会的存在使得贡献率大大增加，引入强身份认同对于提高贡献行为的影响就不可能很大。与此同时，身份认同和惩罚可能会具有强化作用。特别是，身份认同可能会影响惩罚行为。正如我们即将在下一节讨论的，我们预期对非合作行为的惩罚会随身份认同增强而增加。我们也预测由于低贡献者有可能增加他们的贡献以避免被惩罚，所以即使存在强身份认同，惩罚的引入也会使得贡献率增加。我们的假设是，即使惩罚和强身份认同两者其一出现，另一个机制仍能影响贡献率。因此得出如下假设：

假设2.1：即使存在强身份认同，同伴惩罚的引入会同时提高同质性团队［（同质—强身份—无惩罚）与（同质—强身份—惩罚）比较］和异质性团队［（异质—强身份—无惩罚）与（异质—强身份—惩罚）比较］中的团队平均贡献率。

假设2.2：即使允许同伴惩罚，无论初始禀赋如何分布，具有强身份认同的团队比弱身份认同的团队具有更高的平均贡献率［（同质—强身份—惩罚）与（同质—弱身份—惩罚）比较，（异质—强身份—惩罚）与（异质—弱身份—惩罚）比较］。

鉴于我们预期强身份认同在惩罚存在和不存在的情况下都能增加贡献率，而且身份和惩罚的作用相互加强，故我们也假设：

假设2.3：无论初始禀赋如何分布，在强身份认同条件下，允许惩罚比不允许时使得团队平均贡献率增加更多［（同质—强身份—惩罚 - 同质—弱身份—惩罚）与（同质—强身份—无惩罚 - 同质—弱身份—无惩罚）比较，（异质—强身份—惩罚 - 异质—弱身份—惩罚）与（异质—强身份—无惩罚 - 异质—弱身份—无惩罚）比较]。

异质性团队中具有不同初始禀赋的被试的行为又如何呢？我们在前文中推断过，在异质性团队中，当存在强身份认同但不允许惩罚的情况下，人们以自我服务的方式选择能使他们获得最大收益的规范性原则来指导行为。如果身份认同与惩罚相互加强，我们预期不允许惩罚时异质性团队中的个人贡献模式在允许惩罚的情况下将会继续存在。

假设2.4：在异质性团队中，存在强身份认同与惩罚时，低初始禀赋成员会比高初始禀赋成员贡献他们禀赋中相对更大的部分（异质—强身份—惩罚）。

3. 惩罚行为

现有研究表明，相当一部分被试愿意自己承担成本而惩罚搭便车者（例如，Fehr 和 Gächter，2000b；Anderson 和 Putterman，2006；Carpenter，2007）。从实验中获得的收益不平等所引起的对搭便车者的消极情绪（即不平等厌恶）是这种利他主义惩罚背后的主要动机（Fehr 和 Gächter，2002；Fuster 和 Meier，2010）。当强身份认同被构建时，惩罚行为会发生怎样的改变？Chen 和 Li（2009）发现个人对于团队内部成员的不当行为的惩罚相对于团队外部成员更少，而McLeish 和 Oxoby（2007）却发现对团队内部成员的不公平待遇会引致更多的惩罚。虽然现有的研究结果是矛盾的，我们预期后者会在我们的实验中出现。第一，McLeish 和 Oxoby（2007）使用的提议者—回应者博弈很容易能够转化为我们的公共物品博弈：在提议者—回应者博弈中，第一阶段的提议者做出的禀赋分配决策和第二阶段的回应做出的惩罚分配决策在公共物品博弈中可以简单地替换成为每个团队成员的决策。第二，McLeish 和 Oxoby（2007）的惩罚机制同样适用于我们的实验。贡献率低于其他团队成员的平均贡献率违背了与强共同身份相关联的贡献规范。在这种情况下，与弱身份认同条件相比，团队成员更有可能对贡献率较低者进行惩罚并实施更严重的惩罚。因此，强身份认同有助于确保亲社会惩罚的使用（Goette 和 Meier，2011），并且我们预期惩罚力度会随身份认同强度的增加而增加。

假设 3.1：不论初始禀赋如何分布，具有强身份认同的团队比具有弱身份认同的团队施加的惩罚将会更重［（同质—强身份—惩罚）与（同质—弱身份—惩罚）比较，（异质—强身份—惩罚）与（异质—弱身份—惩罚）比较］。

五、结　果

本节分别分析了当惩罚不存在和存在时，初始禀赋分布和身份认同强度对公共物品贡献与惩罚行为的影响。

1. 不允许惩罚时的贡献行为

图 1-1 描述了所有实验局中平均贡献率在 10 轮实验中的变化。在无惩罚的四个实验局中，平均贡献率在实验开始阶段占到初始禀赋的 30% ~50%，这与现有的研究发现一致。尽管平均贡献率的峰值

出现在实验的不同时间点并且平均贡献率变化的幅度因实验局而异，但平均贡献率都是在实验早期上升之后下降。随着实验的进行，异质—弱身份实验局的团队平均贡献率比其他不允许惩罚的实验局大幅降低。

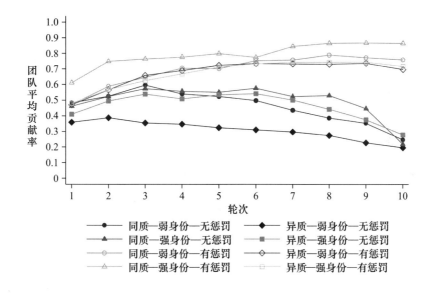

图 1-1 各实验局平均贡献率随时间的变化情况

表 1-2 报告了各实验局（第一行）和各初始禀赋水平团队成员（后四行）的全部实验十轮的平均贡献率。本书中，对于团队的平均值，观察单位是该团队所有成员所有轮次的平均贡献率；对于被试的平均值，观察单位是该初始禀赋水平所有被试所有轮次的平均贡献率。高水平、第二水平、第三水平以及低水平分别指初始禀赋为80 单位、60 单位、40 单位和 20 单位的不同禀赋水平。在不允许惩罚的四个实验局中，同质—弱身份、同质—强身份以及异质—强身份实验局的团队平均贡献率比异质—弱身份实验局的团队平均贡献率至少高 50%（左侧部分第一行）。

表1-2 各实验局的平均贡献率

变量	无惩罚				有惩罚			
	同质—弱身份	异质—弱身份	同质—强身份	异质—强身份	同质—弱身份	异质—弱身份	同质—强身份	异质—强身份
	（1）	（2）	（3）	（4）	（5）	（6）	（7）	（8）
平均值	0.46	0.31	0.50	0.46	0.69	0.67	0.79	0.67
	(0.22)	(0.16)	(0.16)	(0.22)	(0.25)	(0.25)	(0.17)	(0.25)
高水平		0.27		0.38		0.65		0.63
		(0.21)		(0.26)		(0.27)		(0.26)
第二水平		0.25		0.42		0.63		0.61
		(0.14)		(0.27)		(0.27)		(0.30)
第三水平		0.32		0.46		0.68		0.72
		(0.20)		(0.24)		(0.27)		(0.26)
低水平		0.39		0.59		0.74		0.73
		(0.29)		(0.26)		(0.27)		(0.28)

注：表格报告了各实验局（第一行）和各初始禀赋水平成员（后四行）的全部实验十轮的平均贡献率。括号内是标准差。

由于个人在不同轮次之间贡献率的差异以及团队成员在各轮之间的博弈在统计描述中难以被考虑到，下文中我们将会通过将个人贡献率对各实验条件变量进行回归分析。[1] 由于每轮的贡献率位于0和1，即从上下两个方向截断，并且团队内部的贡献决策在各轮之间是相关的，我们估计一个基于个人的具有稳健的团队层面标准误的随机效应双重截断tobit模型。我们为每一个初始禀赋分布和身份认同强度的组合构造一个二值虚拟变量，即异质—弱身份、同质—弱身份、异质—强身份以及同质—强身份，如果观测值来自相应的实

————————

① 我们也进行了非参数检验并获得了与回归结果类似的结果。

验局则取值为 1，否则为 0。轮次虚拟变量也被包含在回归中以控制时间顺序效应。为了研究异质性团队中不同初始禀赋水平和身份认同强度被试的贡献率的差异，我们对每个禀赋和身份认同组合使用一个单独的二值虚拟变量，即弱身份—高水平、弱身份—第二水平、弱身份—第三水平、弱身份—低水平、强身份—高水平、强身份—第二水平、强身份—第三水平以及强身份—低水平。异质—弱身份和弱身份—低水平分别作为各实验局和各初始禀赋水平贡献率决定因素回归的基准组，不包括在回归中。

　　表 1 - 3 报告了回归结果。模型（1）和模型（2）用于估计不允许惩罚的四个实验局的结果。模型（1）包括同质性和异质性团队以考察团队层面的实验局效应，模型（2）只包括异质性团队以考察禀赋效应。表 1 - 3 最上面部分报告了各解释变量的平均边际效应。[①]在模型（1）中，当身份认同弱时，同质性团队平均比异质性团队多贡献 13.2 个百分点，这一显著差异与 Cherry 等（2005）的发现一致。这可能是由于被试认为初始禀赋存在不同是不公平所导致的，因而减低了团队贡献准则出现的可能性。当身份认同增强时，同质性和异质性团队之间平均贡献率的显著差异消失，这表明建立强身份认同可以抵消禀赋异质性对贡献的负面影响（如底部（i）所示）。差异的缩小是因为强身份认同显著且大幅增加了异质性团队的贡献率（14.8 个百分点），但对同质性团队的贡献率却未产生显著影响

---

① 使用 McDonald 和 Moffitt（1980）的分解方法，贡献率 $\left(\frac{c}{E}\right)_{i,t}$ 的边际效应计算如下：

$$\frac{\partial E\left(\left(\frac{c}{E}\right)_i | x\right)}{\partial x_j} = \frac{\partial \Pr\left(0 < \left(\frac{c}{E}\right)_i < 1 | x\right)}{\partial x_j} \cdot E\left(\left(\frac{c}{E}\right)_i | x,\ 0 < \left(\frac{c}{E}\right)_i < 1\right) + \Pr\left(0 < \left(\frac{c}{E}\right)_i < 1 | x\right) \cdot$$

$$\frac{\partial E\left(\left(\frac{c}{E}\right)_i | x,\ 0 < \left(\frac{c}{E}\right)_i < 1\right)}{\partial x_j} + \frac{\partial \Pr\left(\left(\frac{c}{E}\right)_i = 1 | x\right)}{\partial x_j} \cdot 1.$$

（如底部（ii）所示）。因此，关于强身份认同对异质性团队平均贡献率存在正面影响的假设 1.1 得到了支持。对于强身份认同对同质性团队的平均贡献率无影响存在两种可能的解释：一种是我们的身份构建强度不足以对同质性团队产生显著的影响（参见，例如 Eckel 和 Grossman，2005；Charness 等，2007）；另一种是在弱身份认同下贡献率已经很高，因此强身份认同的影响会被削弱。我们将在第六节中讨论哪一种解释更为可信。尽管强身份认同给异质性团队带来的贡献率增加比同质性团队更多，这种差异在常规水平上并不具有统计显著性——模型边际效应的线性组合（同质—强身份—无惩罚 - 同质—弱身份—无惩罚） - （异质—强身份—无惩罚 - 异质—弱身份—无惩罚）。因此，假设 1.2 被拒绝。

表 1 - 3   各实验局贡献率的决定因素

因变量：被试 i 在轮次 t 的贡献率，$\left(\dfrac{c}{E}\right)_{i,t}$

解释变量	无惩罚		有惩罚	
	同质 & 异质 (1)	异质 (2)	同质 & 异质 (3)	异质 (4)
同质—弱身份	0.132 ** (0.061)		0.034 (0.071)	
异质—强身份	0.148 ** (0.063)		0.011 (0.072)	
同质—强身份	0.176 *** (0.054)		0.125 ** (0.063)	
弱身份—高水平		- 0.141 ** (0.064)		- 0.090 ** (0.041)
弱身份—第二水平		- 0.166 ** (0.074)		- 0.116 *** (0.023)

续表

因变量：被试 i 在轮次 t 的贡献率，$\left(\dfrac{c}{E}\right)_{i,t}$

解释变量	无惩罚		有惩罚	
	同质 & 异质	异质	同质 & 异质	异质
	（1）	（2）	（3）	（4）
弱身份—第三水平		−0.086		−0.056 ***
		（0.070）		（0.021）
强身份—高水平		−0.027		−0.115
		（0.095）		（0.072）
强身份—第二水平		0.004		−0.113
		（0.099）		（0.086）
强身份—第三水平		0.037		−0.027
		（0.094）		（0.075）
强身份—低水平		0.173 *		0.033
		（0.099）		（0.083）
观测值	1920	960	1920	960
Wald 检验卡方值	120.24 ***	186.30 ***	84.18 ***	93.85 ***
对数似然函数值	−748.10	−344.08	−683.29	−346.40
左/右侧截断观测值	262/185	145/93	37/746	27/325
对模型边际效应的线性组合进行检验				
（i）（同质—强身份）−（异质—强身份）	0.028		0.114 *	
	（0.062）		（0.064）	
（ii）（同质—强身份）−（同质—弱身份）	0.045		0.091	
	（0.059）		（0.064）	
（iii）（强身份—高水平）− （强身份—低水平）		−0.200 ***		−0.148 ***
		（0.050）		（0.038）
（iv）（强身份—第二水平）− （强身份—低水平）		−0.169 ***		−0.146 ***
		（0.050）		（0.050）
（v）（强身份—第三水平）− （强身份—低水平）		−0.136 ***		−0.061
		（0.046）		（0.058）
（vi）（强身份—高水平—强身份—低水平）− （弱身份—高水平—弱身份—低水平）		−0.059		−0.058
		（0.081）		（0.056）

续表

对模型边际效应的线性组合进行检验

解释变量	无惩罚		有惩罚	
	同质 & 异质 (1)	异质 (2)	同质 & 异质 (3)	异质 (4)
（vii）（强身份—第二水平—强身份—低水平） - （弱身份—第二水平—弱身份—低水平）		-0.004 (0.093)		-0.030 (0.055)
（viii）（强身份—第三水平—强身份—低水平） - （弱身份—第三水平—弱身份—低水平）		-0.049 (0.085)		-0.005 (0.062)

注：表格报告了基于个人的具有稳健的团队层面标准误的随机效应双重截断 tobit 模型的回归结果。模型（1）和模型（2）用于估计不允许惩罚的四个实验局的结果，而模型（3）和模型（4）则用于估计允许惩罚的四个实验局的结果。模型（1）和模型（3）包括同质性和异质性团队以考察团队层面的实验局效应，而模型（2）和模型（4）只包括异质性团队以考察禀赋效应。最上面部分报告了各解释变量的平均边际效应。轮次虚拟变量也被包含在回归中，但是结果未在此处展示。底部部分报告了对模型边际效应的线性组合进行检验的结果。括号里报告的是标准误。*** 表示在 1% 的水平上显著，** 表示在 5% 的水平上显著，* 表示在 10% 的水平上显著。

在将异质性团队分成不同的初始禀赋水平（模型（2））时，我们发现弱身份认同下的初始禀赋水平虚拟变量（弱身份—第三水平除外）的边际效应是负的且在统计上显著，这表明在弱身份认同下，与更高初始禀赋水平的团队成员相比，低初始禀赋水平被试贡献他们禀赋中的更大比例。[①] 这一结果与先前的研究结果一致（例如，Buckley 和 Croson，2006；Prediger，2011）。此外，我们还发现低初始禀赋水平被试在异质—强身份实验局中的相对贡献较大（如底部（iii）~（v）所示）。[②] 因此，我们不能拒绝假设 1.3。考察每个初

---

① 但是，应当注意的是，当我们查看绝对贡献数额时，模式是不同的：高禀赋水平的被试总是贡献更大的绝对数额。

② 我们相信初始禀赋而非用以决定初始禀赋的知识问答测验产生了这样的效果。首先，知识问答测验由 10 个不同领域的问题组成，内容涵盖航空航天、地理生物、科学与技术、经济与生活、政治与军事、文学与历史、民俗与旅游、体育、健康与艺术。问题涵盖的范围不应仅仅对有特定知识结构或社会偏好的被试有利。其次，我们比较了异质性初始禀赋实验局中团队答对问题的平均数量和不同禀赋水平的被试答对问题的平均数量，并且在每一组中都没有发现任何显著的不同（秩和检验，p 值 > 0.10）。最后，我们还测试了每一个异质性禀赋实验局中不同禀赋水平被试们的年龄、性别、专业（自然科学或社会科学）和学位（硕士或学士）是否存在显著差异，整体上我们不拒绝这些与知识相关的特征中不存在显著差异的原假设（威尔科克森符号秩检验，p 值 > 0.10）。

始禀赋水平的身份认同的影响时，我们发现当禀赋减少时，在不同身份认同下的贡献率增加是相同的（如底部（vi）～底部（viii）所示）。这表明身份认同对不同初始禀赋水平被试的影响是相似的。因此，我们拒绝了关于强身份认同对不同禀赋水平被试的贡献率存在正面影响的假设1.1。

2. 允许惩罚时的贡献行为

在本节中，我们将研究在引入同伴惩罚时，贡献行为是否以及如何发生改变。比较表1-2的左侧和右侧部分（第一行）每一列的团队平均贡献率，我们发现在所有初始禀赋分布和身份认同强度组合的实验局中，惩罚均使贡献率发生显著增加（秩和检验，同质—弱身份—无惩罚和同质—弱身份—有惩罚团队平均贡献率比较的 p 值为 0.024，异质—弱身份—无惩罚和异质—弱身份—有惩罚团队平均贡献率比较的 p 值为 0.002；同质—强身份—无惩罚和同质—强身份—有惩罚团队平均贡献率比较的 p 值为 0.002；异质—强身份—无惩罚和异质—强身份—有惩罚团队平均贡献率比较的 p 值为 0.043）。因此，我们发现对假设2.1强有力的支持，即在强身份认同下惩罚会增加不同初始禀赋分布团队的平均贡献率。这里应该指出，我们稍后会说明，这个结果会随着身份构建活动和惩罚效力的不同而变化。当我们将第（2）列与第（6）列以及第（4）列与第（8）列的后四行进行比较时（秩和检验，所有 p 值 < 0.10），发现在所有初始禀赋水平和身份认同强度的组合中，惩罚也均使贡献率发生显著增加。然而，惩罚使得贡献率增加的幅度在各实验局和各初始禀赋水平上的差异很大。惩罚的强大效果并不是我们实验所特有的，其他使用与我们类似的固定同伴匹配团队构成、边际人均回报率和惩罚效力参数的研究在引入惩罚时获得类似的贡献率增加（Herrmann 等，2008；Reuben 和 Riedl，2013）。如图1-1所示，允许惩罚的实验局的平均贡献率在与不允许惩罚的实验局相似的起点之后都处于较高的水平，并且总体上随着时间的推移而增加。四个允许惩罚的实验局（除同质—强身份实验局外，其平均贡献率在实验开始时便比其他三个实验局的平均贡献率要高）的贡献率的演变遵循类似模式。

实验方法在劳动经济学研究中的应用

随着时间的推移，允许惩罚与不允许惩罚实验局之间的平均贡献率的差异证实了现有文献中的一致发现，即惩罚机会的存在对于改善和维持合作是有效的。然而，在四个允许惩罚的实验局中，平均贡献率均并未达到最高水平。将初始禀赋全额贡献的观测值比例在同质—弱身份、异质—弱身份、同质—强身份和异质—强身份实验局中分别占总观测值的40%、35%、47%和33%，这表明大多数观测值并未达到各实验局中的贡献"上限"。

表1-3中的模型（3）和模型（4）给出了允许惩罚的四个实验局的回归结果。在模型（3）中，各实验局之间只有一个重要且统计上显著的差异：在强身份认同下，同质性团队的平均贡献率高于异质性团队的平均贡献率（如底部（i）所示）。这是一个有趣但意想不到的结果，特别是因为我们发现不允许惩罚时强身份认同可以消除同质性与异质性团队之间的贡献率差异。这种不一致可以通过惩罚和身份认同对同质性与异质性团队中相对贡献的不同加强效应来解释：在强身份认同下，正如将在下一节中探讨的，同质性团队对非合作行为的惩罚往往比异质性团队更重，因此同质性团队在之后轮次的贡献将会对惩罚作出回应并增加更多。其他对团队平均贡献率的实验局效应在统计上并不显著，这表明我们可以拒绝假设2.2，即允许惩罚时，强身份认同比弱身份认同下的团队平均贡献率更高（如异质—强身份的边际效应以及底部（ii）所示）。① 由此，我们也可以拒绝假设2.3，即强身份认同在允许惩罚比不允许惩罚的情况下

---

① 在四个允许惩罚的实验局中，只有一个统计显著的贡献率差异可能会引发这样一个问题，即由于惩罚的存在，被试无论如何都贡献很高比例的初始禀赋给公共物品，而对禀赋分布和身份认同强度的不同组合并未做出充分的反应。除了在允许惩罚的实验局计算全额贡献的观测值比例，我们还考虑另一个限制性较低的"上限"概念，次"上限"为一个任意高但不是1的贡献率。为了检验贡献率是否存在这种"上限效应"，我们将允许惩罚的实验局中的全部观测值分为两个子样本，一个是团队平均贡献率高于各实验局平均贡献率中位数的子样本，另一个是团队平均贡献率低于各实验局平均贡献率中位数的子样本。平均贡献率高于每个实验局的平均贡献率中位数的子样本的平均贡献率分别为同质—弱身份0.89、异质—弱身份0.88、同质—强身份0.93和异质—强身份0.86。这些贡献率相当高。我们还针对每个子样本分别估计了表1-3的模型，发现平均贡献率在各实验局的平均贡献率中位数值以下的子样本中，没有任何显著的实验局效应，而平均贡献率在各实验局平均贡献率中位数值以上的子样本中，同质—强身份实验局的平均贡献率显著高于异质—强身份及同质—弱身份实验局的平均贡献率。这表明贡献率高于中位值的子样本中的被试对实验局做出了反应，并非无论如何都做出高水平的贡献。

更能提高平均贡献率（实验局之间的交叉检验（同质—强身份—惩罚 – 同质—弱身份—惩罚）与（同质—强身份—无惩罚 – 同质—弱身份—无惩罚）比较的 p 值为 0.595，（异质—强身份—惩罚 – 异质—弱身份—惩罚）与（异质—强身份—无惩罚 – 异质—弱身份—无惩罚）比较的 p 值为 0.155）。[①] 对于强身份认同不能进一步提高任一禀赋分布中团队平均贡献率的一种可能解释是，仅是同伴惩罚就足以有效地将贡献率提到高水平，而强共同身份并不会产生进一步的影响。这一发现表明，在当前的实验设计下，当共同身份认同和惩罚均存在时，同伴惩罚比共同身份认同对增强合作方面的影响更大。

至于异质性团队中拥有不同水平初始禀赋的被试（模型（4）），我们发现，无论身份认同是强还是弱，低初始禀赋水平的被试总是比禀赋水平更高的同伴贡献更大比例的初始禀赋（如弱身份—高水平、弱身份—第二水平、弱身份—第三水平的边际效应以及底部（iii）~底部（v）所示，但（v）在常规水平差异不显著）。[②] 这些结果可以用解释不允许惩罚时异质性团队行为类似的理论来解释，因而假设 2.4 得到了支持。如果比较强身份认同与弱身份认同下每个初始禀赋水平相对于低初始禀赋水平的贡献率，我们再次发现不存在统计上显著的差异（如底部（vi）~（viii）所示）。

3. 惩罚行为

接下来，我们转而分析惩罚行为。表 1 – 4 报告了各实验局（第一行）和各初始禀赋水平下同一个团队中被试 i 对 j 施加的平均惩罚点数。第 1 行显示，在允许惩罚的四个实验局中施加惩罚点数的平均数大约为 0.5（最大值为 25）。惩罚在 5760 个出现可能中发生了

---

① 对于来自不同回归模型单个参数估计值相等的原假设的检验，我们计算 $z = \dfrac{\alpha_j - \tilde{\alpha}_j}{\sqrt{\Sigma_{jj} + \tilde{\Sigma}_{jj}}}$，其中，

α_j 和 $\tilde{\alpha}_j$ 是两个回归中我们想要检验的两个参数，Σ_{jj} 和 $\tilde{\Sigma}_{jj}$ 是方差—协方差矩阵中相应的主对角线元素。由于这两个参数来自两个独立的回归模型，因此它们的协方差为零。z 统计量在原假设成立的条件下服从标准正态分布。我们报告双边检验的 p 值。

② 高禀赋水平的被试总是贡献更大的绝对数额。

1071 次，其中在同质—弱身份实验局的 1440 个出现可能的发生率为
22%，在异质—弱身份实验局中为 17%，在同质—强身份实验局中
为 19%，在异质—强身份实验局中为 16%。列（2）和列（4）中的
最后四项表明异质性团队中拥有不同初始禀赋水平的成员施加的惩
罚不同。弗里德曼双向方差分析拒绝了在两种强度的身份认同下拥
有不同禀赋的成员施加的惩罚点数相同的原假设（p 值 < 0.01）。

表 1-4 各实验局的平均惩罚点数

变量	同质—弱身份 （1）	异质—弱身份 （2）	同质—强身份 （3）	异质—强身份 （4）
平均值	0.53 （0.36）	0.47 （0.44）	0.46 （0.32）	0.36 （0.41）
高水平		0.68 （1.06）		0.30 （0.34）
第二水平		0.33 （0.24）		0.57 （0.80）
第三水平		0.46 （0.50）		0.37 （0.69）
低水平		0.41 （0.67）		0.20 （0.19）

注：表格报告了各实验局（第一行）和各初始禀赋水平成员（后四行）的被试 i 对 j 施加的平均惩
罚点数。括号内是标准差。

现有的公共物品博弈已经发现有关惩罚行为的一些规律（例如，
Fehr 和 Gächter，2000b；Carpenter 和 Matthews，2009；Nikiforakis 等，
2010）。尤其是，惩罚主要针对贡献低于团队平均水平的成员，而且
惩罚的力度会随着惩罚对象的贡献水平与团队平均贡献水平的偏差
大小而增加。为了研究这个问题，我们对惩罚行为进行回归分析。
为了解释大量的零惩罚和少量的完全惩罚，以及团队成员之间在不
同轮次惩罚决策的相互依赖性，我们再次估计了一个基于个人的具

有稳健的团队层面标准误的随机效应双重截断 tobit 模型。除了实验局和轮次虚拟变量，我们还包含下面三个解释变量来标识惩罚行为的规律：其他团队成员的平均贡献率、绝对负偏差以及正偏差。其他团队成员的平均贡献率是除去被试 j 以外的团队成员贡献率的平均值（$\sum_{h \neq j}\left(\dfrac{c}{E}\right)_{h,t} /3$）。绝对负偏差是当被试 j 的贡献率低于团队其他成员的平均贡献率时，被试 j 的贡献率与团队其他成员平均贡献率的偏差的绝对值（$\max\{0, \dfrac{\sum_{h \neq j}\left(\dfrac{c}{E}\right)_{h,t}}{3} - \left(\dfrac{c}{E}\right)_{j,t}\}$）。如果惩罚对象的贡献率等于或大于团队其他成员的平均贡献率，这个变量就等于零。正偏差（$\max\{0, \left(\dfrac{c}{E}\right)_{j,t} - (\sum_{h \neq j}\left(\dfrac{c}{E}\right)_{h,t})/3\}$）以类似的方式来构造。[1]

表 1-5 报告了回归结果。模型（1）和模型（2）的估计中包括同质性团队和异质性团队，而模型（3）和模型（4）的估计中只包括异质性团队。模型（1）和模型（3）只包括实验局或初始禀赋水平变量，模型（2）和模型（4）还包括惩罚规律变量。最上面部分报告了各解释变量的平均边际效应。[2] 模型（1）中的结果表明，惩罚不会随着身份认同的强弱而变化（如异质—强身份的边际效应和

---

① 我们认识到可能存在的其他的惩罚行为规律，如偏差是基于惩罚者和惩罚对象个人贡献水平的比较而计算的。即个人往往惩罚比他们贡献少的团队成员。尽管我们选择按照文献中最常假设的惩罚规律设置，但是我们也采用了个人绝对负偏差（$\max\{0, \left(\dfrac{c}{E}\right)_{i,t} - \left(\dfrac{c}{E}\right)_{j,t}\}$）和个人正偏差（$\max\{0, \left(\dfrac{c}{E}\right)_{j,t} - \left(\dfrac{c}{E}\right)_{i,t}\}$）来代替三个团队绝对负偏差和团队正偏差，并获得了类似的定性分析结果。

② 使用 McDonald 和 Moffitt（1980）的分解方法，惩罚 $p_{ij,t}$ 的边际效应计算如下：
$$\frac{\partial E(p_i \mid x)}{\partial x_j} = \frac{\partial \Pr(0 < p_i < 25 \mid x)}{\partial x_j} \cdot E(p_i \mid x, \, 0 < p_i < 25) + \Pr(0 < p_i < 25 \mid x) \cdot$$
$$\frac{\partial E(p_i \mid x, \, 0 < p_i < 25)}{\partial x_j} + \frac{\partial \Pr(p_i = 25 \mid x)}{\partial x_j} \cdot 25.$$

底部（ii）所示）。因此，我们不支持假设 3.1，即强身份认同会增加惩罚。我们的结果与 Chen 和 Li（2009）以及 McLeish 和 Oxoby（2007）的研究结果均不一致，表明负面互惠行为在我们的实验设计中不受身份认同强度的影响。此外，在弱身份认同条件下，同质性团队比异质性团队的惩罚更重（如同质—弱身份的边际效应和底部（i）所示），然而这种情况并未发生在强身份认同条件下。在模型（2）中，当惩罚规律的影响被考虑进来时，强身份认同下的同质性与异质性团队之间的差异也变得统计上显著，这与我们在贡献行为中的发现一致。同质性团队中更强的惩罚表明，当初始禀赋相同时，由收益不平等厌恶引发的对低贡献者的负面情绪更为强烈。边际效应增大且变得显著表明，在不控制惩罚规律的情况下，低估了初始禀赋同质性对惩罚的影响。三个惩罚规律变量的估计系数的符号均与预期一致并均在统计上显著。其他团队成员平均贡献率的负边际效应表明，当一个团队已经建立了团队共同贡献标准时，使用的惩罚则更少。绝对负偏差的正边际效应和正偏差的负边际效应表明，惩罚力度会随着惩罚对象与其他团队成员平均贡献率绝对负（正）偏差的增加而增加（减小）。

表 1-5　各实验局惩罚的决定因素

因变量：被试 i 对 j 在轮次 t 的惩罚，$p_{ij,t}$				
解释变量	同质 & 异质		异质	
	(1)	(2)	(3)	(4)
同质—弱身份	0.202 *	0.205 **		
	(0.122)	(0.088)		
异质—强身份	-0.038	-0.058		
	(0.111)	(0.072)		

续表

因变量：被试 i 对 j 在轮次 t 的惩罚，$p_{ij,t}$

解释变量	同质 & 异质		异质	
	（1）	（2）	（3）	（4）
同质—强身份	0.090	0.171		
	(0.132)	(0.109)		
弱身份—高水平			0.176	0.263
			(0.157)	(0.168)
弱身份—第二水平			0.070	0.145
			(0.176)	(0.170)
弱身份—第三水平			0.148	0.185 *
			(0.230)	(0.112)
强身份—高水平			0.008	0.069
			(0.170)	(0.140)
强身份—第二水平			0.284	0.359 *
			(0.251)	(0.198)
强身份—第三水平			0.086	0.049
			(0.181)	(0.133)
强身份—低水平			−0.092	−0.085
			(0.158)	(0.127)
其他团队成员平均贡献率		−0.586 ***		−0.557 ***
		(0.160)		(0.206)
绝对负偏差		2.589 ***		2.334 ***
		(0.200)		(0.254)
正偏差		−0.402 *		−0.231
		(0.224)		(0.240)
观测值	5760	5760	2880	2880
Wald 检验卡方值	71.59 ***	432.09 ***	60.53 ***	377.70 ***
对数似然函数值	−4414.68	−3792.35	−1971.61	−1699.95
左/右侧截断观测值	4689/2		2406/1	
对模型边际效应的线性组合进行检验				
（i）（同质—强身份）−（异质—强身份）	0.127	0.230 **		
	(0.121)	(0.104)		

续表

对模型边际效应的线性组合进行检验

解释变量	同质 & 异质		异质	
	（1）	（2）	（3）	（4）
（ii）（同质—强身份）－（同质—弱身份）	−0.112	−0.033		
	(0.137)	(0.119)		
（iii）（强身份—高水平）－（强身份—低水平）			0.100	0.153
			(0.185)	(0.146)
（iv）（强身份—第二水平）－ （强身份—低水平）			0.377	0.444*
			(0.304)	(0.228)
（v）（强身份—第三水平）－ （强身份—低水平）			0.178	0.133
			(0.222)	(0.124)
（vi）（强身份—高水平 - 强身份—低水平）－ （弱身份—高水平 - 弱身份—低水平）			−0.076	−0.110
			(0.229)	(0.205)
（vii）（强身份—第二水平 - 强身份—低水平）－ （弱身份—第二水平 - 弱身份—低水平）			0.307	0.299
			(0.366)	(0.298)
（viii）（强身份—第三水平 - 强身份—低水平）－ （弱身份—第三水平 - 弱身份—低水平）			0.031	−0.052
			(0.399)	(0.167)

注：表格报告了基于个人的具有稳健的团队层面标准误的随机效应双重截断 tobit 模型的回归结果。模型（1）和模型（2）的估计中包括同质性和异质性团队，而模型（3）和模型（4）的估计中只包括异质性团队。模型（1）和模型（3）只包括实验局或初始禀赋水平变量，模型（2）和模型（4）还包括惩罚规律变量。最上面部分报告了各解释变量的平均边际效应。轮次虚拟变量也被包含在回归中，但是结果并未在此处展示。底部部分报告了对模型边际效应的线性组合进行检验的结果。括号里报告的是标准误。*** 表示在 1% 的水平上显著，** 表示在 5% 的水平上显著，* 表示在 10% 的水平上显著。

以上讨论的惩罚行为模式是所有四个允许惩罚的实验局的整体情况。为了检验不同实验局之间的模式是否相同，我们对每个实验局分别进行了考察。表 1-6 报告了回归结果。我们使用 Goette 等（2012b）的办法，以及使用来自不同回归模型的单个参数估计值比较的双侧 z 检验和所有参数估计值向量比较的卡方检验来检验不同实验局变量边际效应相等的原假设。① 在所有的实验局中，绝对负偏差的边际效应均为正的且统计上显著，即个体的贡献率低于其他团队成员贡献率的平均值越多，其受到的惩罚也就越多。对任何两个实验局绝对负偏差的边际效应的比较显示不同实验局之间不存在显著差异（如底部（ii）所示）。其他团队成员的平均贡献率仅在同质—弱身份和异质—强身份实验局中对施加惩罚点数存在负面且统计上显著的影响。然而，对任何两个实验局其他团队成员的平均贡献率的边际效应的比较显示不同实验局之间不存在显著差异（如底部（i）所示）。相反，正偏差仅在同质—强身份实验局中对施加惩罚点数具有显著的负影响，但不同实验局之间的边际效应不存在显著差异（如底部（iii）所示）。最后，如预期的那样，对于参数估计值向量的联合检验（如底部（iv）所示），我们未发现不同实验局之间存在显著差异。

表 1 - 6　各实验局被试对惩罚规律的反应

因变量：被试 i 对 j 在轮次 t 的惩罚，$p_{ij,t}$

解释变量	同质—弱身份	异质—弱身份	同质—强身份	异质—强身份
	（1）	（2）	（3）	（4）
其他团队成员平均贡献率（β_1）	- 0. 512 *	- 0. 400	- 0. 736	- 0. 727 *
	(0. 265)	(0. 304)	(0. 643)	(0. 377)
绝对负偏差（β_2）	2. 715 ***	2. 695 ***	2. 850 ***	2. 090 ***
	(0. 343)	(0. 454)	(0. 525)	(0. 504)
正偏差（β_3）	- 0. 402	- 0. 114	- 1. 383 **	- 0. 313
	(0. 426)	(0. 361)	(0. 609)	(0. 330)
观测值	1440	1440	1440	1440

---

①　对于所有参数估计值向量相等的原假设的检验，我们计算类似的统计量 $\chi^2 = (\beta - \tilde{\beta})'(\Sigma + \tilde{\Sigma})^{-1}(\beta - \tilde{\beta})$，其中，$\beta$ 是包含所有参数估计值的列向量。χ^2 服从自由度为 k 的卡方分布，其中，k 是 β 中变量的数量。

续表

因变量：被试 i 对 j 在轮次 t 的惩罚，$p_{ij,t}$				
解释变量	同质—弱身份	异质—弱身份	同质—强身份	异质—强身份
	（1）	（2）	（3）	（4）
Wald 检验卡方值	351.76***	339.79***	343.74***	962.57***
对数似然函数值	−1088.80	−904.75	−970.99	−786.86
左/右侧截断观测值	1120/0	1196/0	1163/1	1210/1

实验局之间边际效应比较（p 值）				
解释变量	同质—弱身份 = 异质—弱身份	同质—强身份 = 异质—强身份	同质—弱身份 = 同质—强身份	异质—弱身份 = 异质—强身份
（i）检验 β_1 是否相等	0.781	0.991	0.747	0.499
（ii）检验 β_2 是否相等	0.973	0.297	0.829	0.373
（iii）检验 β_3 是否相等	0.606	0.123	0.187	0.683
（iv）检验 β_1、β_2 及 β_3 是否相等	0.963	0.105	0.580	0.506

注：表格报告了基于个人的具有稳健的团队层面标准误的随机效应双重截断 tobit 模型的回归结果。每列均标明了实验局的名称，仅使用来自该实验局的观测值估计模型。最上面部分报告了各解释变量的平均边际效应。轮次虚拟变量也被包含在回归中，但是结果并未在此处展示。底部部分报告了对实验局之间边际效应双边检验的 p 值。括号里报告的是标准误。***表示在 1% 的水平上显著，**表示在 5% 的水平上显著，*表示在 10% 的水平上显著。

　　表 1–5 的模型（3）和模型（4）给出了异质性团队中不同水平初始禀赋被试的施加惩罚点数的回归结果。在模型（3）中，不包含惩罚规律变量时，我们发现不同水平禀赋被试施加的惩罚点数之间不存在显著差异（如弱身份—高水平、弱身份—第二水平、弱身份—第三水平的边际效应和底部（iii）～底部（v）所示）。这些结果与 Visser 和 Burns（2006）以及 Prediger（2011）的研究发现一致。因此，惩罚不会因为制裁相对成本的增加而减少，这与 Anderson 和 Putterman（2006）以及 Nikiforakis 和 Normann（2008）的研究发现相反；而且惩罚缺乏收入弹性，这与 Carpenter（2007）的研究结果一致。此外，比较不同身份认同强度下各水平初始禀赋被试相对于低

禀赋水平被试施加的惩罚点数，我们发现不存在显著差异（如底部（vi）～底部（viii）所示）。当惩罚规律变量被控制时（模型（4）），弱身份—第三水平被试和强身份—第二水平被试比他们的低禀赋同伴施加了更多惩罚，但是这两个效应均只在10%的水平上显著。被试的惩罚对其他团队成员的平均贡献率和绝对负偏差作出响应的方式和模型（2）中类似。然而，正偏差对异质性团队的惩罚点数不存在显著影响，这与表1-6中的结果一致。

我们最后探讨惩罚规律的作用在多大程度上取决于惩罚对象的初始禀赋水平。我们通过构造其他团队成员的平均贡献率、绝对负偏差和正偏差与惩罚对象初始禀赋水平的交互项来进行检验。低初始禀赋水平被试作为参照组，并且从回归中省略。回归结果如表1-7所示。

表1-7　基于惩罚对象禀赋水平的惩罚

因变量：被试 i 对 j 在轮次 t 的惩罚，$p_{ij,t}$	
弱身份—高水平	0.316*
	(0.181)
弱身份—第二水平	0.173
	(0.172)
弱身份—第三水平	0.200*
	(0.118)
强身份—高水平	0.111
	(0.144)
强身份—第二水平	0.383**
	(0.195)
强身份—第三水平	0.059
	(0.133)
强身份—低水平	-0.079
	(0.115)
其他团队成员平均贡献率	-0.754***
	(0.231)

续表

因变量：被试 i 对 j 在轮次 t 的惩罚，$p_{ij,t}$	
其他团队成员平均贡献率×惩罚对象高水平	0.247 **
	(0.106)
其他团队成员平均贡献率×惩罚对象第二水平	0.251 **
	(0.098)
其他团队成员平均贡献率×惩罚对象第三水平	0.075
	(0.091)
绝对负偏差	2.124 ***
	(0.323)
绝对负偏差×惩罚对象高水平	0.245
	(0.431)
绝对负偏差×惩罚对象第二水平	0.022
	(0.434)
绝对负偏差×惩罚对象第三水平	0.322
	(0.351)
正偏差	−0.167
	(0.344)
正偏差×惩罚对象高水平	−0.231
	(0.789)
正偏差×惩罚对象第二水平	−0.980 *
	(0.584)
正偏差×惩罚对象第三水平	0.109
	(0.332)
观测值	2880
Wald 检验卡方值	553.22 ***
对数似然函数值	−1690.10
左/右侧截断观测值	2406/1

注：表格报告了基于个人的具有稳健的团队层面标准误的随机效应双重截断 tobit 模型的回归结果。最上面部分报告了各解释变量的平均边际效应。轮次虚拟变量也被包含在回归中，但是结果并未在此处展示。括号里报告的是标准误。*** 表示在 1% 的水平上显著，** 表示在 5% 的水平上显著，* 表示在 10% 的水平上显著。

我们发现，一些交互项是统计上显著的。如果惩罚对象的初始禀赋为低水平或第三水平，其他团队成员的平均贡献率对惩罚的影响最大。这可由标志初始禀赋为高水平和第二水平的惩罚对象的交互项为正显示。这一结果表明，施罚者在决定惩罚具有更高禀赋水平对象时受到整体贡献率的影响较小。至于绝对负偏差和正偏差的交互项，只有一项在10%的水平上统计显著。这一结果表明，对于偏离团队成员平均贡献率的惩罚并不取决于惩罚对象的初始禀赋水平。

六、小 结

当搭便车的思想盛行而且个体存在诸如能力和工作动机的差异时，如何促进组织内的合作，就成为了一个重要的经济问题。本书考察了同质性和异质性初始禀赋分布下身份认同和同伴惩罚对团队公共物品贡献的促进作用的相对重要性。我们有三个主要发现。首先，当不允许惩罚时，初始禀赋异质性会对合作产生负面影响，但强身份认同可以抵消这种负面影响。但是，强身份认同既不能增加同质性团队的合作，也不会使异质性团队比同质性团队的合作增加更多。其次，无论身份认同的强弱以及初始禀赋分布如何，惩罚的引入都成功地提升并维持了合作。当允许惩罚时，强身份认同下同质性团队比异质性团队的合作程度更高，施加的惩罚也更重。然而，强身份认同在两种初始禀赋分布下均不能进一步促进合作或增加惩罚。强身份认同在允许惩罚条件下也不会比不允许惩罚条件下更能促进合作。最后，在异质性团队中，初始禀赋较低者往往表现出相对于禀赋而言更高程度的合作，并与禀赋较高者的惩罚力度相似。强身份认同在贡献或惩罚行为中均未发挥作用。

我们的研究结果为诸如在工作场所如何组建团队以促成更高水平的合作提供了重要启示。首先，管理决策者应该谨慎实施先验的在团队成员之间设置异质性收入的方案；当惩罚和共同身份构建这两种机制均不可被企业采用时，先验的异质性收入会导致比先验的平等收入更低的合作。当身份认同被构建起来后，在同质性收入团队成员之间的合作并没有与弱身份认同时存在显著区别，但构建员工身份需要花费成本。其次，当惩罚和共同身份构建这两种机制均可被企业采用时，我们的结果显示，惩罚比构建共同身份认同对促进合作更有效。这当然与我们实验的参数设置有关。

本书可被视为考量收入分配、身份认同和惩罚对合作的交互作用的第一步。基于文中的发现，可以确定几个未来的研究方向。一个方向是将实验场所转换到在真实世界的工作场所，使用真正的员工作为被试、用真正的工作任务来测度我们结果的外部有效性。另一个方向是以其他身份认同的设计方法和构建的身份认同相比较，并来研究类似的问题，如使用诸如性别或民族的自然身份或凸显这些自然身份。

本章参考文献

［1］Abbink，K.，J. Brandts，B. Herrmann，and H. Orzen. "Intergroup Conflict and Intra – group Punishment in an Experimental Contest Game. " *American Economic Review*，2010，100（1）：420 – 447.

［2］Akerlof，G. A.，and R. E. Kranton. "Economics and Identity. " *Quarterly Journal of Economics*，2000，115（3）：715 – 753.

［3］Akerlof，G. A.，and R. E. Kranton. "Identity and the Economics of Organizations. " *Journal of Economic Perspectives*，2005，19（1）：9 – 32.

［4］Akerlof，G. A.，and R. E. Kranton. "Identity，Supervision，and Work Groups. " *American Economic Review*，2008，98（2）：212 – 217.

［5］Alchian，A. A.，and H. Demsetz. "Production，Information Costs，and Economic Organization. " *American Economic Review*，1972（62）：777 – 795.

［6］Afridi，F.，S. X. Li，and Y. Ren. "Social Identity and Inequality：The Impact of China's Hukou System". *Journal of Public Economics*，2015（123）：17 – 29.

［7］Anderson，C.，and L. Putterman. "Do Non – strategic Sanctions Obey the Law of Demand? The Demand for Punishment in the Voluntary Contribution Mechanism. " *Games and Economic Behavior*, 2006, 54 (1): 1 – 24.

[8] Anderson, L. R. , J. M. Mellor, and J. Milyo. "Inequality and Public Good Provision: An Experimental Analysis. " *Journal of Socio – Economics*, 2008 (37): 1010 – 1028.

[9] Andreoni, J. "Cooperation in Public – goods Experiments: Kindness or Confusion?" *American Economic Review*, 1995, 85 (4): 891 – 904.

[10] Balafoutas, L. , M. G. Kocher, L. , Putterman, and M. Sutter. "Equality, Equity and Incentives: An Experiment. " *European Economic Review*, 2013 (60): 32 – 51.

[11] Bergstrom, T. C. , L. E. Blume, and H. R. Varian. "On the Private Provision of Public Goods. " *Journal of Public Economics*. Bernhard, H. , E. Fehr, and U. Fischbacher, 2006 (29): 25 – 49.

[12] Bernhard, H. , E. Fehr, and U. Fischbacher. "Group Affiliation and Altruistic Norm Enforcement. " *American Economic Review*, 2006, 96 (2): 217 – 221.

[13] Bochet, O. , T. Page, and L. Putterman. "Communication and Punishment in Voluntary Contribution Experiments. " *Journal of Economic Behavior and Organization*, 2006, 60 (1): 11 – 26.

[14] Botelho, A, G. W. Harrison, L. M. Costa Pinto, and E. E. Rutström. Testing Static Game Theory with Dynamic Experiments: A Case Study of Public Goods. *Game and Economic Behavior*, 2009 (67): 253 – 265.

[15] Brekke, K. A. , J. Konow, and K. Nyborg. "Cooperation is Relative: Income and Framing Effects with Public Goods. " Memorandum

16/2012, Department of Economics, University of Oslo, 2012.

[16] Buckley, E., and R. Croson. "Income and Wealth Heterogeneity in the Voluntary Provision of Linear Public Goods." *Journal of Public Economics*, 2006, 90 (4): 935 – 955.

[17] Carpenter, J. "The Demand for Punishment." *Journal of Economic Behavior and Organization*, 2007, 62 (4): 522 – 542.

[18] Carpenter, J., S. Bowles, H. Gintis, and S. Hwang. "Strong Reciprocity and Team Production: Theory and Evidence." *Journal of Economic Behavior and Organization*, 2009 (71): 221 – 232.

[19] Carpenter, J., and P. H. Matthews. What Norms Trigger Punishment? *Experimental Economics*, 2009 (12): 272 – 288.

[20] Chan, K. S., S. Mestelman, R. Moir, and R. A. Muller. "The Voluntary Provision of Public Goods under Varying Income Distributions." *Canadian Journal of Economics*, 1996, 29 (1): 54 – 69.

[21] Charness, G., L. Rigotti, and A. Rustichini. "Individual Behavior and Group Membership." *American Economic Review*, 2007, 97 (4): 1340 – 1352.

[22] Chaudhuri, A. "Sustaining Cooperation in Laboratory Public Goods Experiments: A Selective Survey of the Literature." *Experimental Economics*, 2011, 14 (1): 47 – 83.

[23] Che, Y. K., and S. W. Yoo. "Optimal Incentives for Teams." *American Economic Review*, 2001, 91 (3): 525 – 541.

[24] Chen, R., and Y. Chen. "The Potential of Social Identity for Equilibrium Selection." *American Economic Review*, 2011, 101 (6): 2562 – 2589.

[25] Chen, Y., and S. X. Li. "Group Identity and Social Preferences." *American Economic Review*, 2009, 99 (1): 431 – 457.

[26] Chen, Y., S. X. Li, T. X. Liu, and M. Shih. "Which Hat to Wear? Impact of Natural Identities on Coordination and Cooperation." *Games and Economic Behavior*, 2014 (84): 58 – 86.

[27] Cherry, T., S. Kroll, and J. Shogren. "The Impact of Endowment Heterogeneity and Origin on Public Good Contributions: Evidence from the Lab." *Journal of Economic Behavior and Organization*, 2005, 57 (3): 357 – 365.

[28] Cinyabuguma, M., T. Page, and L. Putterman. "Can Second – order Punishment Deter Perverse Punishment?" *Experimental Economics*, 2006 (9): 265 – 279.

[29] Denant Boemont, L., D. Masclet, and C. N. Noussair. "Punishment, Counterpunishment and Sanction Enforcement in a Social Dilemma Experiment." *Economic Theory*, 2007 (33): 145 – 167.

[30] Dufwenberg, M., and G. Kirchsteiger. "A Theory of Sequential Reciprocity." *Games and Economic Behavior*, 2004 (47): 268 – 298.

[31] Eckel, C. C., and P. J. Grossman. "Managing Diversity by Creating Team Identity." *Journal of Economic Behavior and Organization*, 2005, 58 (3): 371 – 392.

[32] Egas, M., and A. Riedl. "The Economics of Altruistic Punishment and the Maintenance of Cooperation." *Proceedings of the Royal Society B: Biological Sciences*, 2008 (275): 871 – 878.

[33] Fehr, E., and S. Gächter. "Fairness and Retaliation: The Economics of Reciprocity." *Journal of Economic Perspectives*, 2000a, 14

（3）：159 – 181.

［34］ Fehr, E. , and S. Gächter. "Cooperation and Punishment in Public Goods Experiments. " *American Economic Review*, 2000 （90）: 980 – 994.

［35］ Fehr, E. , and K. Schmidt. "A Theory of Fairness, Competition, and Cooperation. " *The Quarterly Journal of Economics*, 1999, 114 （3）: 817 – 868.

［36］ Fischbacher, U. "z – Tree: Zurich Toolbox for Ready – made Economic Experiments. " *Experimental Economics*, 2007, 10 （2）: 171 – 178.

［37］ Fischbacher, U. , and S. Gächter. "Social Preferences, Beliefs, and the Dynamics of Free Riding in Public Goods Experiments. " *American Economic Review*, 2010, 100 （1）: 541 – 556.

［38］ Fischbacher, U. , S. Gächter, and E. Fehr. "Are People Conditionally Cooperative? Evidence from a Public Goods Experiment. " *Economics Letters*, 2001, 71 （3）: 397 – 404.

［39］ Fisher, J. , R. M. Isaac, J. W. Schatzberg, and J. M. Walker. "Heterogeneous Demand for Public Goods: Behavior in the Voluntary Contributions Mechanism. " *Public Choice*, 1995 （85）: 249 – 266.

［40］ Fuster, A. , and S. Meier. "Another Hidden Cost of Incentives: The Detrimental Effect on Norm Enforcement. " *Management Science*, 2010, 56 （1）: 57 – 70.

［41］ Gächter, S. , E. Renner, and M. Sefton. "The Long – Run Benefits of Punishment" . *Science*, 2008 （322）: 1510.

［42］ Goette, L. , D. Huffman, and S. Meier. "The Impact of

Group Membership on Cooperation and Norm Enforcement: Evidence Using Random Assignment to Real Social Groups. " *American Economic Review*, 2006, 96 (2): 212 – 216.

[43] Goette, L., D. Huffman, and S. Meier. "The Impact of Social Ties on Group Interactions: Evidence from Minimal Groups and Randomly Assigned Real Groups. " *American Economic Journal: Microeconomics*, 2012a, 4 (1): 101 – 115.

[44] Goette, L., D. Huffman, S. Meier, and M. Sutter. "Competition between Organizational Groups: Its Impact on Altruistic and Anti – social Motivations. " *Management Science*, 2012b, 58 (5): 948 – 960.

[45] Goette, L., and S. Meier. "Can Integration Tame Conflicts?" *Science*, 2011 (334): 1356.

[46] Gächter, S., and A. Riedl. "Moral Property Rights in Bargaining with Infeasible Claims. " *Management Science*, 2005 (51): 249 – 263.

[47] Gunnthorsdottir, A., D. Houser, and K. McCabe. "Disposition, History and Contributions in Public Goods Experiments. " *Journal of Economic Behavior and Organization*, 2007, 62 (2): 304 – 315.

[48] Herrmann, B, C. Thöni, and S. Gächter. "Antisocial Punishment across Societies. " *Science*, 2008 (319): 1362 – 1367.

[49] Hoffman, E., and M. L. Spitzer. "Entitlements, Rights, and Fairness: An Experimental Examination of Subjects' Concepts of Distributive Justice. " *Journal of Legal Studies*, 1985 (14): 259 – 297.

[50] Hofmeyr, A., J. Burns, and M. Visser. "Income Inequality, Reciprocity and Public Good Provision: An Experimental Analysis. "

South African Journal of Economics, 2007, 75 (3): 508 – 520.

[51] Houser, D. , E. Xiao, K. McCabe, and V. Smith. "When Punishment Fails: Research on Sanctions, Intentions and Non – cooperation. " *Games and Economic Behavior*, 2008, 62 (2): 509 – 532.

[52] Isaac, Mark R. , and James M. Walker. "Group Size Effects in Public Goods Provision: The Voluntary Contribution Mechanism. " *Quarterly Journal of Economics*, 1988, 103 (1): 179 – 199.

[53] Kandel, E. , and E. P. Lazear. "Peer Pressure and Partnerships. " *Journal of Political Economy*, 1992, 100 (4): 801 – 817.

[54] Ledyard, J. O. "Public Goods: A Survey of Experimental Research. " In *Handbook of Experimental Economics*, ed. J. H. Kagel, and A. E. Roth. Princeton: Princeton University Press, 1995: 111 – 194.

[55] Lembke, S. , and M. G. Wilson. "Putting the ' Team ' into Teamwork: Alternative Theoretical Contributions for Contemporary Management Practice. " *Human Relations*, 1998 (51): 927 – 944.

[56] Mas, A. , and E. Moretti. "Peers at Work. " *American Economic Review*, 2009, 99 (1): 112 – 145.

[57] Masclet, D. , C. N. Noussair, S. Tucker, and M. C. Villeval. "Monetary and Non – monetary Punishment in the Voluntary Contributions Mechanism. " *American Economic Review*, 2003 (93): 366 – 380.

[58] McDonald, J. F. , and R. A. Moffitt. "The Uses of Tobit Analysis. " *Review of Economics and Statistics*, 1980 (62): 318 – 321.

[59] McLeish, K. N. , and R. J. Oxoby. "Identity, Cooperation, and Punishment. " IZA Discussion Paper, No. 2572, 2007.

[60] McLeish, K. N. , and R. J. Oxoby. "Social Interactions and

the Salience of Social Identity. " IZA Discussion Paper, No. 3554, 2008.

［61］ McLeish, K. N. , and R. J. Oxoby. " Social Interactions and the Salience of Social Identity. " Journal of Economic Psychology, 2011, 32 (1): 172 – 178.

［62］ Nikiforakis, N. " Punishment and Counter – punishment in Public Good Games: Can We Really Govern Ourselves?" *Journal of Public Economics*, 2008 (92): 91 – 112.

［63］ Nikiforakis, N. " Feedback, Punishment and Cooperation in Public Good Experiments. " *Games and Economic Behavior*, 2010 (68): 689 – 702.

［64］ Nikiforakis, N. , and H. T. Normann. " A Comparative Statics Analysis of Punishment in Public – Good Experiments. " *Experimental Economics*, 2008 (11): 358 – 369.

［65］ Nikiforakis, N. , H. T. Normann, and B. Wallace. " Asymmetric Enforcement of Cooperation in a Social Dilemma. " *Southern Economic Journal*, 2010, 76 (3): 638 – 659.

［66］ Nikiforakis, N. , C. N. Noussair, and T. Wilkening. " Normative Conflict and Feuds: The Limits of Self – Enforcement. " *Journal of Public Economics*, 2012 (96): 797 – 807.

［67］ Noussair, C. , and S. Tucker. " Combining Monetary and Social Sanctions to Promote Cooperation. " *Economic Inquiry*, 2005, 43 (3): 649 – 660.

［68］ Prediger, S. " How Does Income Inequality Affect Cooperation and Punishment in Public Good Settings. " MAGKS Joint Discussion Paper Series in Economics, 2011.

[69] Rabin, M. "Incorporating Fairness into Game Theory and Economics." *American Economic Review*, 1993, 83 (5): 1281 – 1302.

[70] Rege, M., and K. Telle. "The Impact of Social Approval and Framing on Cooperation in Public Good Situations." *Journal of Public Economics*, 2004, 88 (7 – 8): 1625 – 1644.

[71] Reuben, E., and A. Riedl. "Public Goods Provision and Sanctioning in Privileged Groups." *Journal of Conflict Resolution*, 2009 (53): 72 – 93.

[72] Reuben, E., and A. Riedl. "Enforcement of Contribution Norms in Public Good Games with Heterogeneous Populations." *Journal of Economic Behavior and Organization*, 2011, 60 (2): 147 – 163.

[73] Reuben, E., and A. Riedl. "Enforcement of Contribution Norms in Public Good Games with Heterogeneous Populations." *Games and Economic Behavior*, 2013, 77 (1): 122 – 137.

[74] Ruffle, B., and R. Sosis. "Cooperation and the In – group – Out – group Bias: A Field Test on Israeli Kibbutz Members and City Residents." *Journal of Economic Behavior and Organization*, 2006, 60 (2): 147 – 163.

[75] Page, T., L. Putterman, and B. Unel. "Voluntary Association in Public Goods Experiments: Reciprocity, Mimicry and Efficiency." *Economic Journal*, 2005 (115): 1032 – 1053.

[76] Sefton, M., R. Shupp, and J. Walker. "The Effect of Rewards and Sanctions in Provision of Public Goods." *Economic Inquiry*, 2007, 45 (4): 671 – 690.

[77] Tajfel, H., and J. Turner. "An Integrative Theory of Intergroup

Conflict. " In S. Worchel and W. Austin (eds.), *The Social Psychology of Intergroup Relations*. Monterey, CA: Brooks/Cole, 1979: 33 – 47.

[78] Tajfel, H. , and J. Turner. "The Social Identity Theory of Intergroup Behavior. " In S. Worchel and W. Austin (eds.), *The Psychology of Intergroup Relations*. Chicago: Nelson – Hall, 1985: 7 – 24.

[79] Tajfel, H. , and J. Turner. "The Social Identity Theory of Intergroup Behavior. " In *The Psychology of Intergroup Relations*, eds. Worchel and W. Austin. Chicago: Nelson – Hall, 1985: 7 – 24.

[80] Van Dijk, F. , J. Sonnemans, and F. van Winden. "Social Ties in a Public Good Experiment. " *Journal of Public Economics*, 2002 (85): 275 – 299.

[81] Visser, M. , and J. Burns. "Bridging the Great Divide in South Africa: Inequality and Punishment in the Provision of Public Goods. " Working Paper in Economics, No. 219. University of Gothenburg, Gothenburg, 2006.

[82] Warr, P. G. "The Private Provision of a Public Good is Independent of the Distribution of Income. " *Economic Letters*, 1983, 13 (2 – 3): 207 – 211.

[83] Yamagishi, T. , and T. Kiyonari. "The Group as the Container of Generalized Reciprocity. " *Social Psychology Quarterly*, 2000, 63 (2): 116 – 132.

附录 A　实验指令

在此提供一份我们在异质—解套—惩罚实验局中使用的实验指令，并对其他实验局的实验指令进行了相应调整。实验的第一部分是在活动室内不使用电脑的情况下进行的。在此之后，参与者被带到实验室，其余的部分都是使用电脑进行的。实验员将朗读该指令，参与者可以同时阅读发给他们的那份。

在活动室

大家好！你们现在正在参加一个经济学实验。在实验过程中，您将会参与一些活动并且做出一些决策。这些决策可以让您赚钱。您能赚多少钱将取决于您和其他参与者所做的决策。

本实验包括三个部分，共有 24 名参与者。我们首先在这儿玩一个游戏，然后去实验室使用电脑进行下面的实验。本实验将持续大约 110 分钟。

咱们现在要玩的这个游戏名字叫作"解套"。游戏的规则是这样的：请大家肩并肩面对面围成一个圆圈。将您的左手握住圆圈上一个与您不相邻的人的左手，将您的右手握住圆圈上另一个与您不相邻的人的右手，并确保您没有和与您直接相邻的人握住手，也没有和同一个人握住两只手。这样，你们已经结成了一个套子。现在请尝试在一直不松开手的情况下解开这个套子，最后形成您只和相邻的人手拉手的一个或几个圆圈。如果您不小心松开了手，请立即拉回去。你们有 10 分钟的时间"解套"。大家可以讨论并一起找出解开套子的方法。

接下来我们将到实验室进行实验。请拿好您的个人物品，我们一起去实验室。

在实验室

下面的实验将使用电脑进行。它包括两个部分，您手上的是第一部分的指令。我将会大声朗读该指令，您可以同时阅读您手上的那份。您的所有决策和回答将是匿名和保密的，其他参与者无法得知。

在实验过程中，请您不要与其他参与者以任何方式进行交流。如果您违反了这项规定，您将被禁止继续参加实验，并且不能获得任何实验收入。如果您在实验中有任何疑问，请您举手示意，实验员会来帮助您。

在实验过程中，我们将不会以人民币作为计量单位，而是以实验货币作为计量单位。在实验结束后，您的实验所得将会按照 1 单位实验货币 = 0.1 元人民币进行换算。

除实验所得外，您还将在实验开始时获得 50 单位实验货币的保险费以及 10 元的出席费，以用于填补您在实验中可能发生的损失。但是，您总是可以通过自己的决策来避免损失的发生。在实验结束后，您的全部实验所得加上剩余的保险费及出席费将会立即以现金的方式在另一个房间内单独支付给您。

第一部分

在实验的第一部分，您需要完成一个知识问答测验。您将有 6 分钟时间来回答总共 20 个问题。每个问题有 3 个、4 个或 5 个备选答案，但其中只有一个是正确的。您正确回答的题目个数将会影响您在下一部分实验中的状况。

每页屏幕将显示 5 个问题。屏幕右上角的计时器显示您还有多少时间可以回答当页的问题。在提交答案之前，您可以任意修改答案，但是必须在时间用完之前通过点击"提交"按钮来提交答案。在提交答案之后，您将不能再修改答案。您可以选择不回答某个问题，空白答案等同于错误答案。即使您选择不回答某页的任何一个问题，也请您点击"提交"按钮以示答题完毕。如果您提前提交答案，请耐心等待其他参与者完成回答。在所有参与者均提交答案后，下一页问题将会自动出现。如果您有任何问题，请举手示意。

第二部分

实验的第二部分是由 10 轮内容相同但相互独立的实验组成的，并且每轮实验分为两个阶段。这个房间里的 4 个参与者将会随机组成一个团队。每个团队的构成在接下来的实验中将会保持不变。但是，您不会知道具体哪三个人和您在一个团队。实验最终收入为各轮实验收入之和。

第一阶段：

图 1 - 2　知识问答题界面

在每轮实验开始时，每个团队成员都会根据知识问答测验部分回答正确的题目个数而获得不同数额的实验货币，并作为初始资本。您所在团队中正确回答题目个数最多的成员将获得最多的初始资本，正确回答题目个数第二多的成员将获得第二多的初始资本，以此类推。如果两名成员正确回答的题目个数相同，则由电脑随机进行排序。因此，每个团队中各个成员获得的初始资本数额总有严格的排序，分别为 80 单位、60 单位、40 单位和 20 单位实验货币。例如，如果您在知识问答测验部分的表现在您所在的团队中排名第三，您的初始资本将是 40 单位实验货币，而您所在团队其他成员的初始资本则分别为 20 单位、60 单位和 80 单位实验货币。在进行正式决策时，您的实际初始资本数额将会显示在屏幕上，并且这一数额将在 10 轮实验中保持不变。

在每轮实验的第一阶段，您和您所在团队的其他成员需要将这些初始资本在下列两项活动之间进行分配——个人工作或团队工作。换句话说，您的任务是决定分配多少资本用于个人工作、多少资本用于团队工作。您和您所在团队的其他成员可以将任意比例的初始资本分配给个人工作或团队工作。在每轮的一开始，下面的"实验第一阶段分配界面"都会出现。

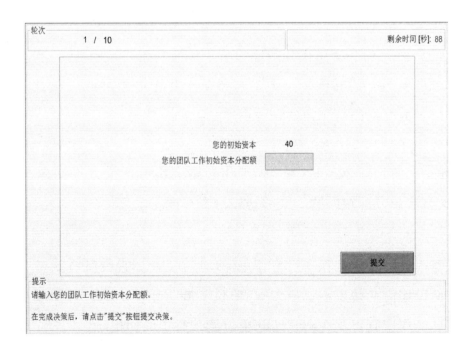

图 1－3　实验第一阶段分配界面

该界面的左上角显示您现在正在进行的轮次，右上角的计时器显示您还有多少时间可以进行分配决策。在前两轮和后八轮中您每轮将分别有 90 秒和 60 秒的时间进行决策。您通过在资本分配框中输入一个介于 0 和您的初始资本之间的整数来表示您决定分配给团队工作的资本，剩余的初始资本就是您决定分配给个人工作的资本。在提交决策之前，您可以任意改变决策，但是必须在时间用完之前通过点击"提交"按钮来提交决策。在提交决策之后，您将不能再改变决策。如果您提前提交，请耐心等待其他团队成员进行决策。

　　您在每轮实验第一阶段的收入包括两个部分：

　　（1）第一部分是您从分配给个人工作的初始资本中获得的收入。您向个人工作每分配 1 单位实验货币，您将会获得 1 单位实验货币的收入。

　　（2）第二部分是您从分配给团队工作的初始资本中获得的收入。您和您所在团队的其他每个成员从团队工作中获得的收入将是团队所有成员分配给团队工作的初始资本总额的一半。

每轮第一阶段收入 = 1 ×（个人工作初始资本分配额）+ 0.5 ×（团队所有成员分配给团队工作的初始资本总额）

　　每个成员将从团队工作中获得相同的收入。假设所有成员分配给团队工作的初始资本总额为 60 单位实验货币。那么，每个成员将从团队工作中获得 0.5 × 60 = 30 单位实验货币的回报。

　　在您所在团队所有成员都完成分配决策后，下一页屏幕将会显示团队所有成员分配给团队工作的初始资本总额和您在本轮第一阶段获得的总收入。在前两轮和后八轮中您每轮将分别有 45 秒和 30 秒的时间观看"实验第一阶段收入界面"。如果您想提前结束观看，请点击"继续"按钮。

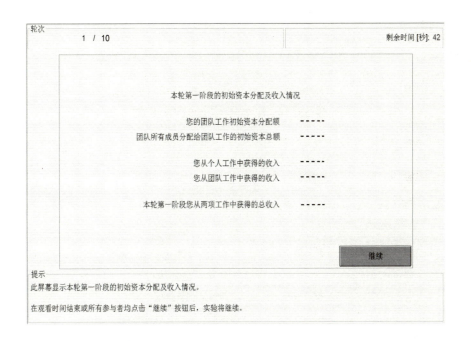

图1-4 实验第一阶段收入界面

第二阶段：

在每轮实验的第二阶段，您将被告知您所在团队的其他三个成员分别向团队工作分配了多少初始资本。在这个阶段，您可以通过给其他成员扣分来减少他们的收入，而其他团队成员也可以通过扣分来减少您的收入。下面的"实验第二阶段分配界面"将说明扣分的具体规则。

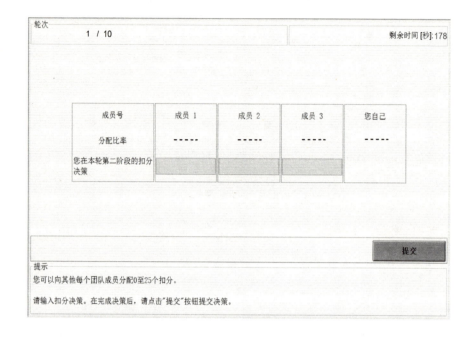

图 1 – 5　实验第二阶段分配界面

这个界面显示您所在团队每个成员在本轮实验第一阶段分配给团队工作的初始资本占他/她自己获得的总初始资本的比率。在每轮实验开始时，每个团队成员将会随机分到一个 1 ~ 4 的数字作为其成员号。您的分配比率会在标示着文字"您自己"的下方显示。其他成员的分配比率将会在相应的成员号下面显示。虽然团队构成是固定的，但是其中的每个成员在每轮开始时都会重新随机分到一个成员号，因此，同一个成员号在各轮可能代表不同的成员。

您接下来需要决定是否向其他团队成员分配扣分，如果是的话，您要给他们每人扣多少分。您向其他每个成员分配的每一个扣分将会减少您从本轮实验第一阶段获得的 1 单位实验货币的收入，而您分配给其他成员的每一个扣分将会减少他/她 3 单位实验货币的收入。您可以向其他每个团队成员分配 0~25 个扣分。在您对其他三位成员的扣分分配框中，您必须输入一个介于 0~25 的整数，而不能让该框处为空白。

假设您分配给第一名成员 5 个扣分，这将减少您 5 单位并减少该成员 15 单位实验货币的从本轮实验第一阶段获得的收入。如果您分配 8 个扣分给第二名成员，这将进一步减少您 8 单位并减少该成员 24 单位实验货币的收入。如果您分配给第三名成员 0 个扣分，这将不会减少您从本轮实验第一阶段获得的收入，而且也不会减少该成员的收入。在这种情况下，您向其他团队成员分配的所有扣分导致您的收入减少额为 13 单位实验货币（5＋8＋0），而您共减少了其他成员 39 单位实验货币的收入。

您从本轮实验第一阶段获得的收入是否会被减少以及会被减少多少还取决于您所收到的扣分总数。如果您从其他三个成员处分别收到 4 个、7 个和 0 个扣分，您的收入将被减少 33 单位实验货币 $[3×(4＋7＋0)]$。

您每轮实验结束时的最终收入由三部分组成：

（1）第一部分是您从本轮实验第一阶段获得的收入；

（2）第二部分是您本轮收到的所有扣分导致的收入减少额；

（3）第三部分是您本轮向其他团队成员分配的所有扣分导致的收入减少额，即您向其他成员分配的扣分总数。

具体的每轮最终收入的计算公式如下列框中所示。

每轮最终收入

    ＝（每轮第一阶段收入）－   （1）

    3×（收到的扣分总数）－   （2）

    （向其他团队成员分配的扣分总数）   （3）

    如果（1）和（2）的差值大于或等于 0，每轮最终收入的计算如上式所示；

    如果（1）和（2）的差值小于 0，每轮最终收入 ＝0－向其他团队成员分配的扣分总数

如果某个成员收到的所有扣分导致的收入减少额超过了其从本轮实验第一阶段获得的收入，那么他/她的收入将仅被减少至零。如果某个成员向其他成员分配的所有扣分导致的收入减少额超过了每轮最终收入计算公式前两项的差值，那么他/她在本轮实验的最终收入则可能会出现负值。

在前两轮和后八轮中您每轮将分别有 180 秒和 120 秒的时间进行扣分决策。您可以通过按 Tab 键（→|）或使用鼠标在不同的扣分分配框之间进行转换。

在您所在团队所有成员都完成扣分决策后，下一页屏幕将会显示您本轮第二阶段的扣分情况和本轮的最终收入情况。在前两轮和后八轮中您每轮将分别有 45 秒和 30 秒的时间来观看"本轮实验最终收入界面"。

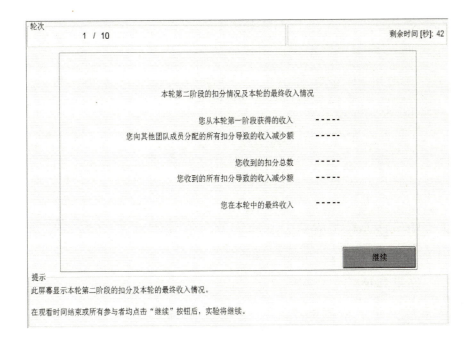

轮次		剩余时间[秒]: 42
1 / 10		

本轮第二阶段的扣分情况及本轮的最终收入情况

您从本轮第一阶段获得的收入 　- - - - -

您向其他团队成员分配的所有扣分导致的收入减少额 　- - - - -

您收到的扣分总数 　- - - - -

您收到的所有扣分导致的收入减少额 　- - - - -

您在本轮中的最终收入 　- - - - -

继续

提示
此屏幕显示本轮第二阶段的扣分及本轮的最终收入情况。

在观看时间结束或所有参与者均点击"继续"按钮后，实验将继续。

图1-6　本轮实验最终收入界面

如果您对上面介绍的实验规则有疑问的地方，请举手示意。

决策到此结束。请您不要离开座位，完成即将出现在屏幕上的问卷。

测试问题：

在进行正式决策之前，请先回答下列测试问题，以检测您是否真正理解了每轮收入的计算方法，回答测试问题没有时间限制。

（1）假设您有40单位实验货币的初始资本，其他三个团队成员分别有20单位、60单位和80单位实验货币的初始资本。其他三个成员一共向团队工作分配了 40 单位实验货币。

1）如果您向团队工作分配了 0 单位实验货币，您在本轮实验第一阶段的收入是多少？……

2）如果您向团队工作分配了 10 单位实验货币，您在本轮实验第一阶段的收入是多少？……

（2）假设您有 40 单位实验货币的初始资本，其他三个团队成员分别有 20 单位、60 单位和 80 单位实验货币的初始资本。您向团队工作分配了 18 单位实验货币。

1）如果其他三个成员一共向团队工作分配了 16 单位实验货币，您在本轮实验第一阶段的收入是多少？……

2）如果其他三个成员一共向团队工作分配了 52 单位实验货币，您在本轮实验第一阶段的收入是多少？……

（3）假设您从本轮实验第一阶段获得的收入是 60 单位实验货币。

1）如果您在本轮实验第二阶段共收到 10 个扣分，且并未分配任何扣分给其他团队成员，您在本轮实验的最终收入是多少？……

2）如果您在本轮实验第二阶段共收到 10 个扣分，并且向其他团队成员共分配了 7 个扣分，您在本轮实验的最终收入是多少？……

附录 B　实验后调查

请回答下面的调查问题。您的所有回答都将是匿名且保密的。

1. 请问您今年多少周岁？＿＿周岁（均值 21.5，标准差 2.2，中位数 21，最小值 17，最大值 33）

2. 您的性别是＿＿

（a）女（70.6%）

（b）男（29.4%）

3. 您的民族是＿＿

（a）汉族（88.0%）

（b）壮族（1.3%）

（c）满族（2.9%）

（d）回族（2.6%）

（e）苗族（0.5%）

（f）维吾尔族（0.8%）

（g）土家族（1.0%）

（h）彝族（0.5%）

（i）蒙古族（0.8%）

（j）藏族（0.3%）

（k）其他，请说明＿＿族（1.8%）

4. 在上大学之前，您的户口属于以下哪种类型？＿＿

（a）农业户口（47.9%）

（b）非农业户口（51.6%）

（c）没有户口（0.5%）

5. 在上大学之前，您的家庭住址是

省（市）＿＿市（地区/区）＿＿县＿＿（被试来自中国大陆的全部 31 个省、市、自治区）

6. 您有几个亲生兄弟姐妹（除您之外）？（如果您是独生子女，请填"0"）＿＿（独生子女占 41.1%，有 1～2 个兄弟姐妹的被试占 52.9%，有 3 个或 3 个以上兄弟姐妹的被试占 6.0%）

如果您有亲生兄弟姐妹，请说明您排行第几？＿＿

（a）第一（44.7%）

（b）第二（38.1%）

（c）第三（11.3%）

（d）第四（4.7%）

（e）第五（1.2%）

（f）第六（0.0%）

7. 在上大学之前您和多少兄弟姐妹（包括亲生兄弟姐妹，表兄弟姐妹，堂兄弟姐妹，同母异父、同父异母或收养的兄弟姐妹）一年在一起生活六个月以上（包含六个月）？（如果没有，请填"0"）＿＿（自己生活的被试占 37.0%，与 1～2 个兄弟姐妹一起生活的被试占 42.7%，与 3 个或 3 个以上兄弟姐妹一起生活的被试占 20.3%）

8. 请问您上的高中是寄宿制高中吗？＿＿

（a）是（63.5%）

（b）否（36.5%）

9. 请问您家（指您在上大学之前与之生活在一起的家庭）现在

每个月从各种渠道获得的家庭税前总收入是多少元？　____

<400	401 ~ 1000	1001 ~ 2000	2001 ~ 3000	3001 ~ 4000	4001 ~ 6000	6001 ~ 8000	8001 ~ 10000	10001 ~ 20000	20001 ~ 30000	30001 ~ 40000	> 40001
○	○	○	○	○	○	○	○	○	○	○	○
2.1%	8.9%	18.0%	14.8%	15.3%	20.3%	8.3%	5.2%	4.2%	1.6%	1.0%	0.3%

10. 您所学的专业是什么？

学院/研究院/所/中心（全称）____系（全称）____专业（全称）____

11. 您正在攻读的学位是____

（a）专科（2.9%）

（b）本科（69.5%）

（c）硕士（26.3%）

（d）博士（1.0%）

（e）博士后（0.3%）

12. 请问您目前正处于在读学位中的第几年？____（均值2.0，标准差1.0，中位数2，最小值1，最大值4）

13. 您是共产党员吗？____

（a）是（27.3%）

（b）否（72.7%）

14. 您现在是任何（社会或学校）社团的成员吗？例如政治团体、兴趣小组、体育或文化社团、非盈利组织等。

（a）是（44.3%）。请列出您所有参加的社团的全称，名称之间请用逗号隔开____

（b）否（55.7%）

15. 您以前是否曾参加过任何经济学方面的实验？

（a）是（18.2%）。请说明您曾参加过的次数＿＿次（均值1.1，标准差0.4，中位数1，最小值1，最大值3）

（b）否（81.8%）

16. 您以前是否曾参加过任何心理学方面的实验？

（a）是（65.9%）。请说明您曾参加过的次数＿＿次（均值3.2，标准差3.1，中位数2，最小值1，最大值30）

（b）否（34.1%）

17. 在今天和您同时参加本实验的参与者中，有多少人您以前就认识？（如果您一个也不认识，请填"0"）＿＿人（不认识任何人的被试占67.4%，认识1～2人的被试占31.3%，认识3人或3人以上的被试占1.3%）

18. 在过去的12个月中，您是否向任何慈善团体或非营利组织捐过款（物）或参加过志愿性服务？

（a）是（71.4%）。请说明总捐款额（如果您曾捐过物，请将其价值折合成金额）是￥＿＿（均值136.5，标准差160.5，中位数100，最小值2，最大值1050），志愿性服务的总时间是＿＿小时。（均值46.0，标准差85.9，中位数20，最小值1，最大值720）

（b）否（28.6%）

19. 在下面0～10的量表上，请您评价在实验中您所感觉的和您的四人团队中的其他参与者的联系紧密程度（从左至右联系紧密程度逐渐增强）。＿＿（均值5.6，标准差3.2，中位数6，最小值0，最大值10）

非常不紧密										非常紧密
0	1	2	3	4	5	6	7	8	9	10
○	○	○	○	○	○	○	○	○	○	○

20.（"强身份认同"实验局中适用）在下面 0～10 的量表上，请根据您对"解套"游戏对增强团队意识所起到的作用进行评价（从左至右作用逐渐增强）。____（均值6.3，标准差2.8，中位数7，最小值0，最大值10）

作用非常小										作用非常大
0	1	2	3	4	5	6	7	8	9	10
○	○	○	○	○	○	○	○	○	○	○

第二章 实验场次规模及其对身份构建的影响：基于公共物品博弈的证据

在实验研究中，尽管实验场次规模可能会影响人们对他们之间联系强度的感知进而影响他们在互动中使用的策略，但是实验场次规模对实验结果的影响在很大程度上被已有研究所忽略。本章考察了在固定团队规模与成员组成的重复公共物品博弈中，共同身份的构建对个体合作行为的影响如何因实验场次规模不同而有所差异。我们发现，构建的身份只有在实验场次规模较小且仅在实验初始阶段才会对合作产生显著的促进作用。在其他所有时期，无论实验场次规模如何，其构建的身份对合作均无显著影响。身份认同在不同实验场次规模之间相同的零效应表明，在重复性博弈下，实验场次规模大小并不会成为混淆身份认同影响的因素。

一、引　言

　　根据社会身份理论（Tajfel 和 Turner，1979，1985），社会身份描述了从感知的属于某些社会群体的成员身份中获得的个体自我认知。一旦一个人将自己确定为某一群体的一部分，其态度、价值观以及行为规范可能会受到该群体的态度、价值观和行为规范的影响，因此其行为就可能会越来越符合与该群体身份相符的行为。身份认同在被 Akerlof 和 Kranton（2000）系统地引入经济学分析之前，已经被社会心理学、社会学、人类学和政治科学等学科作为理解和解释现象的重要概念。研究身份认同对人类决策制定的影响的经济学实验通常采用三种身份设计方法，即在使用现有社会群体中的自然身份（Bernhard 等，2006；Goette 等，2006；Goette 等，2012）、启动/唤醒自然社会身份（Afridi 等，2015；Benjamin 等，2010；Chen 等，2014）以及构建（只在实验中存在的）身份。许多使用构建的身份进行的经济学实验表明，个体行为受到群体身份认同的影响，其影响程度取决于身份认同的凸显程度。① 然而，据我们所知，以前的研

---

　　① 各种类型的实验均已被用来考察构建的身份对不同个体行为的影响。例如，Eckel 和 Grossman（2005）、Charness 等（2007）、Smith（2011）、Chakravarty 和 Fonseca（2010）、Drouvelis 和 Nosenzo（2013）研究了构建的身份对合作的影响；McLeish 和 Oxoby（2007）探究了构建的身份对合作与惩罚的影响；Chen 和 Chen（2011）考察了构建的身份对协作的影响；Hargreaves Heap 和 Zizzo（2009）研究了构建的身份对信任的作用；Chen 和 Li（2009）探究了构建的身份对社会偏好的影响；Sutter（2009）研究了构建的身份在个人和团队决策中的作用；Eberlein 和 Walkowitz（2008）考察了构建的身份在晋升和提拔中的作用；Morita 和 Servátka（2011）研究了构建的身份对于特定关系投资的影响。

究没有考虑构建的身份与一个实验场次中参与者（被试）的人数，即实验场次规模之间存在的潜在的相互作用，因为实验场次规模也可能会影响构建的身份的凸显程度。在本书中，我们使用实验室实验来考察构建的身份对个人合作行为的影响是否因实验场次规模不同而有所差异。

广义而言，在现有的实验经济学文献中，有两种常用的方法来构建和提升群体的身份认同。一种方法采用来自社会心理学的"最小群体范式"来区分群体内部成员（成员之间互相认同）和群体外部成员（成员之间互不认同）。实验中通常会首先执行一些简单琐碎的任务并将一个实验场次中的所有被试随机分成互不重叠的两个群体，从而将两个不同群体的身份构建出来，这些任务例如表达对两位不同艺术家艺术作品的偏好（Chen 和 Li，2009；Chakravarty 和 Fonseca，2010），或根本无须执行任何任务（Chen 和 Chen，2011；Morita 和 Servátka，2011）。然后，在每个群体内部通过不同方式来增强群体成员的身份认同。[①] 在共同的身份被构建（并且提升）之后，来自内部群体和/或外部群体的一对或一组成员会共同参加一个博弈，如公共物品、囚徒困境或信任博弈。参加博弈的一对或一组被试的数量通常小于具有相同群体身份的被试的数量，并且每对或每组成员的构成通常在多轮博弈中每轮会重新匹配。使用这种方法进行群体身份构建的实验通常发现，当群体身份认同被凸显时，被试会对群体内部成员表现出偏好，而对群体外部成员表现出歧视。

然而，在上述方法中，一个实验场次中的被试数量通常是不固

---

① 提升群体身份认同的活动包括通过面对面的交流（例如，McLeish 和 Oxoby，2007；Smith，2011）或在线聊天（例如，Chen 和 Li，2009；Chakravarty 和 Fonseca，2010；Chen 和 Chen，2011）的方式与群体内部成员共同完成团队活动，或当个人做出决策时群体内部成员作为观众，或群体内部成员之间进行收益分享（例如，Charness 等，2007）。

定的，可在不同实验之间或在同一个实验的不同实验场次之间存在差异，且在一定程度上取决于每个实验场次到场参加实验的被试人数的差异。无论这两个身份群体如何划分，一个实验场次中被试总数的差异以及因此导致的每个身份群体中被试数量的差异，都可能会影响人们对于群体内部/外部成员以及将发生在他们之间的互动的感知。增加每个身份群体中的个体数量往往会降低群体内部的身份认同程度，因为这会导致其中的个体感觉自己与所在群体的联系变弱，进而可能会改变人们对其对手将在互动中采用的策略的看法，从而影响他们在随后的互动中采用的策略。

　　另一种身份构建的方法无须引入身份对比或者在实际上根本不存在一个外部群体的条件下而仅形成一种群体成员资格。它与前一种方法的主要区别在于，群体身份仅在被随机分配到同一个团队并且随后将在某种博弈中进行互动的被试（如 3 ~ 5 人）之间构建和增强。在整个实验过程中，群组/团队构成始终保持不变。使用这种群体身份构建方法的研究表明，凸显的群体成员资格在策略性决策情境中（例如，Eckel 和 Grossman，2005）和非策略性决策情境中（例如，Sutter，2009）均会对个人行为产生强烈的影响。然而，在这种方法中，实验场次规模可能并不重要，因为同一固定团队的成员拥有共同的身份并将完成互动博弈。

　　本书旨在考察共同身份的构建对个体合作行为的影响如何因实验场次规模不同而有所差异。我们开展了一个重复的线性公共物品博弈，在此实验之前，我们通过被试是否参加一个身份构建活动来操控身份认同的强度，并形成大小两种实验场次规模（8 名被试为小规模，24 名被试为大规模）。我们的身份构建活动结合了上述两种方法的特点：一个实验场次中的所有被试都会参加一个面对面的"解套"游戏来构建一个共同的身份，然后他们会被随机分配到固定的4人团队中参加公共物品博弈。① 我们的身份构建活动具备第二种身份构建方法的优点，因为无须为制造身份冲突而构建外部群体②，并且可以控制实验场次规模对身份认同存在的潜在的交互影响。

基于我们的身份构建活动的设计，我们预期身份认同对个人合作将产生积极影响，并且这种积极影响将会随着实验场次规模的增大而下降。我们进行的身份构建活动使得一个实验场次中所有被试拥有共同目标并且相互帮助以实现这个目标，这样可能会增进被试之间的联系紧密程度，因此会促进合作。增加参加这项活动的被试人数可能会使他们认为那些不站在他们身边的或距离他们较远的人属于外部群体，从而削弱共同身份对于合作的影响。身份认同对个体合作行为的影响如何因实验场次规模的不同而有所差异的重要性也具有现实意义。每个实验场次中的参与者可以被视为代表公司中的全部员工，而实验场次规模体现了公司雇员的规模。构建员工的共同身份是一种激励他们的企业精神和忠诚的方式，这将有助于减少偷懒行为的发生并使员工和企业保持目标一致。当共同身份是在公司层面上构建，且给予的外在干预活动及其他条件保持一致时，身份认同的影响在小公司往往比在大公司要大。这可能是因为在规模较小的公司中，即使属于不同的任务执行小组的员工也有更多的机会与公司中的其他员工接触和互动。

一些心理学实验研究了群体规模③和构建的身份在社会困境中的

---

① 8个人作为小规模实验场次中被试的人数是因为它是允许匿名和随机分配成员到固定4人团队的最小参与者数量。选择24人作为大规模实验场次中被试的人数是因为开展实验的实验室允许的座位数为25个。这两个数字也代表了我们所知的许多公共物品实验中博弈场次规模的下限和上限。

② Chen 和 Li（2009）考察了外部群体的存在对个体行为的影响程度，并发现外部群体存在与否影响不大。

③ 当一个实验场次里只有一个群体时，群体规模等同于实验场次规模。

交互效应，并且证实了这种效应的存在。例如，Brewer 和 Kramer（1986）发现，在一个小规模群体（8 个人）的公共物品博弈中，与具有个人层面身份的被试相比，具有凸显的集体身份的被试选择保留较少的初始禀赋给自己，然而，这个结果在大规模群体（32 个人）的条件下被反转。另外，De Cremer 和 Leonardelli（2003）的研究则表明，当缺乏促进合作的社会制约因素如问责制、个人身份认同和责任意识等，参与者群体归属的心理需求①低时，小规模群体（4 个人）中的成员比规模较大的群体中的成员（8 个人）更有可能为公共物品做贡献，而当参与者群体归属的心理需求高时，结果则相反。

一系列相关的实验还测试了群体规模对公共物品提供的直接影响。一个有充分根据的推测是，一个群体提供最佳水平的公共物品的能力与群体规模成反比（例如，Olson，1965；Buchanan，1968）。这个推测的基础是，群体规模的扩大可能会降低向"不纯"的公共物品贡献的边际人均回报率（marginal per capita return）（Isaac 和 Walker，1988），并且使人们感觉贡献的效率降低（Kerr，1989）、贡献的识别度减弱且贡献的区分度降低（Hamburger 等，1975），以及对追求群体福利的责任降低（Stroebe 和 Frey，1982）。群体规模与合作行为的反向关系的实证检验结果取决于群体成员数量的变化和这一变化导致的边际人均回报率变化的影响能否被成功分离。Isaac 和 Walker（1988）以及 Isaac 等（1994）探究了群体规模为 4、10、40 和 100 时提供公共产品的效率，发现在较小规模的群体

---

① 根据作者的说法，人们归属于某一群体的心理需求反映了他们与他人建立并维持社会关系的意愿。这一需求可用归属需求量表（Leary 等，2001）进行测量，其中包括 10 个项目，每个项目在 1~5 打分，其中，1 分表示"根本不符合"，5 分表示"完全符合"。

（4 人和 10 人）中如果群体规模扩大使得边际人均回报率降低，则上述推测得以证实；如果保持边际人均回报率不变，当边际人均回报率较低时，规模较大的群体（40 人和 100 人）对公共物品的平均贡献率大于较小群体的贡献率，而当边际人均回报率较高时，公共物品的贡献率在不同规模的群体之间则不存在明显差异。因此，本书试图在保持边际人均回报率不变的情况下，来考察与群体规模对应的一个概念，实验场次规模对公共产品的贡献是否存在纯粹的影响。

我们发现，构建的身份只有在实验场次规模较小且仅在实验初始阶段才会对合作产生显著的促进作用。在其他所有时期，无论实验场次规模如何，构建的身份对合作均无显著影响。此零效应的产生可能与实验是在身份认同强度较低的中国文化背景下进行的有关。身份认同在不同实验场次规模之间相同的零效应表明，在重复性博弈下，实验场次规模大小并不会成为混淆身份认同影响的因素。

本书的其余部分安排如下：第二部分介绍实验设计。第三部分报告并讨论实验结果。第四部分总结全文。

二、实验设计

本实验采用 2×2 的实验设计。其中一个维度是通过变换一个实验场次是 8 个或 24 个被试以建立一个小型或大型的实验场次。另一个维度是通过进行或不进行一个身份构建活动来调整身份认同的强弱程度。每个维度的一种条件进行组合会产生四种不同的条件组合，其中每一种组合都是表 2 - 1 中总结的一个实验局。

表 2 - 1　实验设计

实验局	实验场次规模	身份认同
小规模 ~ 弱身份	8	弱
大规模 ~ 弱身份	24	弱
小规模 ~ 强身份	8	强
大规模 ~ 强身份	24	强

本实验分两个阶段进行。第一阶段是身份构建阶段，这个阶段仅在两个具有强身份认同的实验局（小规模强身份认同与大规模强身份认同）中开展的。一个实验场次中全体被试都要参加一个"解套"游戏，这个活动会在进入实验室前在另一个房间进行。所有的被试面对面肩并肩站立，围成一个圈。他们首先被要求通过举起双手并伸手与其他两名不直接站在他们两侧的被试牵手，左手牵左手，右手牵右手，以形成一个套子。当确认套子已经被搭建好后，被试被要求解开套子形成一个或多个没有交叉手臂的圆圈。他们在解套过程中不能松开牵着的手。如果有人松手将被要求立刻牵回同一双手。无论套子是否被成功解开，实验都会持续大约 10 分钟。选取这样一个身份构建活动的原因在于它是一个被运用于现实世界中任职培训或项目培训以在新成员之间或来自不同部门的成员之间加深相互了解，培养共同目标，产生组织归属感的典型活动。在游戏期间，交流是被允许的。实验员发现游戏引发了团队成员之间广泛的沟通，并且沟通都是围绕如何解套进行的。在身份构建活动结束后，被试

被带入实验室。在两个弱身份认同的实验局中，一旦 8 个或 24 个被试全部到齐，他们将会直接进入实验室，但是他们在等待实验开始时有机会互相见面。

实验的第二阶段是重复线性公共物品博弈，所有四个实验局都会在实验室中进行。被试首先被要求坐在隔离的计算机终端前并给予一份实验指令，同时实验员会大声朗读该实验指令。被试首先单独回答由 20 个一般性知识问题构成的 6 分钟小测试。此测试仅被用来创造禀赋是通过付出努力而获得的状态（例如，Hoffman 和 Spitzer，1985；Gchter 和 Riedl，2005），而不会对接下来进行的公共物品博弈的初始禀赋大小产生实际影响。然后，一个实验场次中的 8 个或 24 个被试会被随机地分配成 4 名成员一组的团队，并完成为期 10 轮的被描述为团队生产问题的公共物品博弈。被试知晓他们的团队由他们和其他 3 人组成，但是他们的身份在整个实验过程中是匿名的。

在每一轮的开始，每个被试会被赋予 50 单位的实验货币。他们同时且独立决定如何在个人与团队工作之间分配这些初始禀赋（对团队工作分配的初始禀赋则构成公共品）。通过自由选择一定数量的初始禀赋贡献给团队工作，c_i，$0 \leqslant c_i \leqslant 50$，剩下的初始禀赋，$50 - c_i$，会被自动认为是分配给个人工作。被试为个人工作分配的每一个单位实验货币会产生 1 单位实验货币的回报，然而来自团队工作的回报是团队所有成员分配给团队工作的初始禀赋总和的 50%。即对公共物品的贡献的边际人均回报率为 0.5。被试 i 每轮的回报由 $\pi_i = (50 - c_i) + 0.5 \sum_{j=1}^{4} c_j$ 给出。

实验收益方程参数设置、实验持续时间（10 轮）和实验指令均为每个实验局参与者的公共信息。在做出正式决策之前，被试会被要求回答一些控制性问题以保证他们准确地了解实验的特征。在每轮最后，被试都会被告知他们团队对公共物品的整体贡献，他们的收益以及其他团队成员此轮的贡献。为了避免个人声誉的形成，团队内的 4 个成员每轮都会被随机分配一个 1 ~ 4 的数字来标识他们的决策，并且这些数字在每轮之间都会随机更换。

　　本实验是在北京师范大学经济与工商管理学院实验室使用 z - Tree（Fischbacher，2007）进行的。这所大学坐落于北京市中心，拥有大约两万名全日制学生。被试招募是通过在电子布告栏系统和全校教学楼、宿舍楼布告栏中发布招募信息完成的。我们共有 192 个被试①，每个实验局 48 个。所有被试都只能参加一场实验，并且他们除自己参与过的实验局外并不知道其他实验局的存在。为了保证实验结果是匿名的，被试在实验开始时就被告知他们会在另一个房间单独收到实验报酬，并且在实验结束后会相继离开以保证他们不会与其他被试相遇并交流。实验的最终收入是将每轮实验的报酬加总按照 1 单位实验货币兑换 0.1 元人民币的汇率计算的，外加 10 元人民币的出场费。平均而言，一场实验平均持续大约 63 分钟，包括上述描述的两个阶段以及实验后涉及基本个人特征、教育背景、过去的捐赠行为以及对于所在团队的看法的调查问卷。被试的收入平均为 84.5 元人民币（包含出场费）②。

---

　　①　所有被试都是中国公民和不同专业的大学生。

　　②　实验时的平均汇率是 1 美元 = 6.48 元人民币。北京大学生在实验进行时的平均小时工资大约为 50 元人民币。

三、结果与讨论

图 2 - 1 描绘了实验场次规模和身份认同对被试向公共物品的平均贡献额的影响在 10 轮实验中的变化情况。小规模—弱身份、大规模—弱身份与大规模—强身份实验局在实验开始阶段拥有相似的平均贡献额水平，均为初始禀赋的45% ~48%。在实验前五轮所有实验局的平均贡献额保持在相近水平，然后大规模—强身份实验局的平均贡献额开始超过其他实验局的平均贡献额直到实验第九轮。在整个实验过程中除第六轮外，小规模—强身份实验局都显示出最高

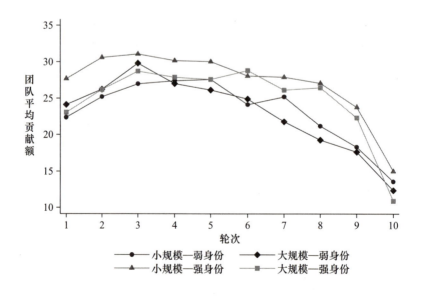

图 2 - 1　各实验局平均贡献额随时间的变化情况

的贡献额。此外，尽管平均贡献额的峰值出现在实验的不同时间点并且平均贡献额变化的幅度因实验局而异，但平均贡献额都是在实验早期上升之后下降的。

表2-2的左侧部分报告了各实验局按轮次累加的团队平均贡献额，右侧部分报告了使用秩和检验用以检验任意两个实验局的平均贡献额相等的原假设的 p 值。第一轮的观测单位为每个被试的贡献额，后面相关个按轮次累积的观测单位为各团队的平均贡献额。[①] 如表2-2左侧部分所示，小规模—弱身份、大规模—弱身份与大规模—强身份实验局中各项的平均贡献额没有太大差异，它们都低于小规模—强身份实验局的平均贡献额。表2-2右侧部分中的非参数检验结果证实了表2-2左侧部分体现出来的平均贡献额的差异。我们发现，无论身份认同的强弱如何，在整个实验过程中小规模和大规模实验局之间的平均贡献额不存在统计上的显著差异（第（5）列和第（6）列中所有项的 p 值 > 0.10）。这与群体规模相关研究文献发现的结果是一致的，即当边际人均回报率保持不变时，并不存在纯粹的群体规模效应。构建的强身份认同只在小规模且仅在实验第一轮才会显著提升对公共物品的贡献额（第（7）列中第一项的 p 值 = 0.083），而这种效应从第二轮开始逐渐降低（第（7）列中其余项的 p 值 > 0.10）。这可能是因为建立在一小群个体身上的身份认同对个体初次见面时的行为有影响，但在重复博弈中这种影响会越来越多地被其他因素占优，例如团队所坚持的规范。然而，在整个实验过程中，强身份认同无法在大规模实验局中发挥任何作用（第

---

① 由于每个团队中的被试在实验第一轮是第一次进行互动，因此每个被试的贡献额在这一轮是相互独立的决策。从第二轮开始，被试的贡献决策也可能会受到其本人或其他团队成员在前面轮次的行为的影响。这种历史依赖性使得每个人的贡献决策不再相互独立。因此，考虑了团队内部个体决策的相互依赖性和团队之间个体决策的相互独立性，基于团队计算的平均贡献额才是合理的观测单位。

（8）列所有项的 p 值 >0.10）。我们的研究结果表明，构建的身份对合作的影响在小规模实验场次中比在大规模实验场次中更加显著，这与现有实验的发现一致。发现构建的身份存在强烈效应的研究通常建立在只有少数人拥有相同身份的基础之上。例如，Smith（2011）、Drouvelis 和 Nosenzo（2013）明确写到，在一场实验中分别有 12 个和 18 个被试，其中每个身份组中有 6 个被试。Chen 和 Li（2009）平均每个实验场次有 16 个被试，每一身份类型分别有 6 个和 10[①] 个被试。这些发现无一不表明，少量的被试保证了构建的身份的作用发挥。

表 2 - 2　各实验局按轮次累加的平均贡献额

轮次	平均贡献				Mann - Whitney U 检验 - p 值			
	小规模—弱身份	大规模—弱身份	小规模—强身份	大规模—强身份	小规模—弱身份＝大规模—弱身份	小规模—强身份＝大规模—强身份	小规模—弱身份＝小规模—强身份	大规模—弱身份＝大规模—强身份
	（1）	（2）	（3）	（4）	（5）	（6）	（7）	（8）
1 - 1	22.40	24.13	27.67	23.08	0.616	0.129	0.083	0.764
1 - 2	23.79	25.18	29.13	24.65	0.729	0.214	0.149	0.954
1 - 3	24.85	26.72	29.77	26.00	0.751	0.387	0.248	0.908
1 - 4	25.48	26.79	29.86	26.47	0.931	0.419	0.341	0.954
1 - 5	25.90	26.66	29.90	26.69	0.840	0.564	0.341	0.863
1 - 6	25.61	26.37	29.59	27.04	0.931	0.603	0.371	0.773
1 - 7	25.55	25.71	29.35	26.91	0.885	0.729	0.453	0.817
1 - 8	25.00	24.91	29.06	26.86	0.954	0.773	0.419	0.686

① 在实验后的调查中，Chen 和 Li（2009）表示 Klee 组的被试占 40% 而 Kandinsky 组的被试占 60%。

续表

轮次	平均贡献				Mann - Whitney U 检验 - p 值			
	小规模—弱身份	大规模—弱身份	小规模—强身份	大规模—强身份	小规模—弱身份＝大规模—弱身份	小规模—强身份＝大规模—强身份	小规模—弱身份＝小规模—强身份	大规模—弱身份＝大规模—强身份
	(1)	(2)	(3)	(4)	(5)	(6)	(7)	(8)
1－9	24.26	24.10	28.48	26.35	0.954	0.863	0.470	0.644
1－10	23.19	22.93	27.13	24.81	0.954	0.817	0.583	0.644

注：左侧部分报告了各实验局按轮次累加的平均贡献额，从第一轮开始，到前两轮，到全部十轮。右侧部分报告了使用秩和检验用以检验任意两个实验局的平均贡献额相等的原假设的 p 值。

由于个人在不同轮次之间贡献额的差异以及团队成员在各轮之间的博弈在非参数检验中难以被考虑到，下文中我们将会使用参数检验——具有稳健的团队层面标准误的随机效应广义最小二乘模型——来分析实验场次规模和身份认同强弱对个人贡献额的交互影响。表2－3报告了回归结果。我们使用了以下自变量："小规模"是一个二值虚拟变量，如果一个观测值来自于小规模的实验局则取值为1，否则为0；"强身份"也是一个二值虚拟变量，如果一个观测值来自于强身份认同的实验局则取值为1，否则为0；"小规模×强身份"是这两个变量的交叉项。轮次虚拟变量也被包含在回归中以控制时间顺序效应。为了验证非参数检验中的强身份认同在小规模实验局的首轮实验中显著提升贡献额的结果，回归（2）加入了"第一轮"与"小规模"、"强身份"及"小规模×强身份"的交叉项。回归结果与非参数检验结果完全一致：在整个实验过程中，任意两个实验场次规模与身份强度之间的组合平均贡献额都是相似的（第（1）列中"小规模"和"强身份"前的回归系数，以及表2－3最下侧部分的（i）～（ii））；而在小规模实验局的实验第一轮时，

强身份认同比弱身份认同的实验局的贡献额要显著高（第（2）列表
2－3 最下侧部分的（iii））。

表 2－3　贡献额的决定因素

因变量：被试 i 在第 t 轮的贡献额

	（1）	（2）
小规模	0.265	0.486
	(4.339)	(4.677)
强身份	1.883	2.208
	(3.789)	(4.087)
小规模×强身份	2.056	1.583
	(5.946)	(6.355)
第一轮×小规模		－2.215
		(3.871)
第一轮×强身份		－3.250
		(3.688)
第一轮×小规模×强身份		4.729
		(5.196)
第一轮	11.359 ***	12.910 ***
	(1.620)	(3.344)
第二轮	14.094 ***	14.094 ***
	(1.459)	(1.461)
第三轮	16.182 ***	16.182 ***
	(1.426)	(1.427)
第四轮	15.141 ***	15.141 ***
	(1.476)	(1.477)
第五轮	14.865 ***	14.865 ***
	(1.469)	(1.470)
第六轮	13.521 ***	13.521 ***
	(1.539)	(1.540)
第七轮	12.297 ***	12.297 ***
	(1.339)	(1.340)

续表

因变量：被试 i 在第 t 轮的贡献额		
第八轮	10.531 ***	10.531 ***
	(1.469)	(1.470)
第九轮	7.557 ***	7.557 ***
	(1.092)	(1.093)
常数项	11.370 ***	11.215 ***
	(3.264)	(3.458)
观测值	1920	1920
Wald 检验的卡方值	194.59 ***	204.13 ***
对变量的线性组合进行检验		
（i）小规模 + 小规模×强身份	2.321	
	(4.065)	
（ii）强身份 + 小规模×强身份	3.940	
	(4.582)	
（iii）强身份 + 小规模×强身份 + 第一轮× 强身份 + 第一轮×小规模×强身份		5.271 *
		(3.045)

注：此表报告了具有稳健的团队层面标准误的随机效应广义最小二乘模型随机效应的回归结果。括号中数字为标准误。表的最下侧部分报告了对变量的线性组合进行检验的结果。"第十轮"作为基组从回归中省略。* 和 *** 分别表示在10%水平下和1%水平下的统计显著性。

我们有一点担忧，我们的结果是由我们构建身份认同感所使用的"解套"游戏中，小规模实验局比大规模实验局中因被试人数较少而导致套子容易解开造成的。然而，我们相信身份认同的影响来自于参与任务本身，而不是成功完成任务的结果。一方面，我们控制了各实验场次中"解套"游戏的时间长度在各实验局均为大约10分钟，并且无论是否成功解开，10分钟时间到时游戏均终止。另一方面，实验员在整个游戏过程中均在场，并且感觉到在大小规模实验场次的实验局中"解套"任务的过程和程序中并未存在显著差异。这些证据至少可以在一定程度上缓解这种担忧。

因此，我们的结果向研究构建的身份对个体行为影响的文献中传达了一个重要的信息。在重复博弈的设置中,构建的身份对个人行为的影响并不取决于共同拥有此身份的人数。因此,实验场次规模的变化通常不会影响被试对群体成员身份的看法或他们的行为。然而,另外,在初次互动中,拥有共同身份的人数多少的效应有所不同,这意味着在一次性博弈中特别需要控制实验场次规模。

值得注意的是,我们的研究结果也支持了构建的身份文献中的一个发现,即构建的身份对个体行为的影响程度取决于此身份的凸显程度(例如,Eckel 和 Grossman,2005;Charness 等,2007)。我们发现,构建的身份只有在实验场次规模较小且仅在实验初始阶段才会对合作产生显著的促进作用。这可以用我们的强身份实验局下的身份认同感也相对较弱来解释。身份认同强度较低可能植根于中国文化。由于与西方人相比,中国人可能更加保守和含蓄,因此他们可能需要更长的时间才能相互熟识和认同,这所需要的时间可能超出实验允许的时间范围。在第二章报告的实验中,我们的被试为中国大学生,通过允许接下来进行公共物品博弈的团队成员以在线聊天的方式来解决团体任务以构建身份认同,也没有发现任何显著的身份效应,而这种方法在美国大学生(Chen 和 Li,2009)和新西兰大学生(Morita 和 Servátka,2011)中却是行之有效的。

四、小　结

在现有的一个实验场次的全体被试中构建群体身份并探究其影

响的研究中，实验场次规模的影响在很大程度上被忽视了。由于实验中博弈通常发生在一些被试之间，所以参与一场实验的被试总数的变化可能会影响他们对博弈的作用程度的看法，从而影响博弈的结果。本书考察了在重复公共物品博弈中构建的身份对个体合作行为的影响如何因实验场次规模不同而有所差异。我们发现，构建的身份只有在实验场次规模较小且仅在实验初始阶段才会对合作产生显著的促进作用。这个促进作用在实验的第二轮就已经消失了，这表明实验场次规模的作用被其他因素占优，并且在重复博弈条件下实验场次规模并不会对构建的身份对个人行为的影响产生混淆影响。

　　我们的研究试图引起人们对在包含一个实验场次中所有被试参与的活动的实验室实验中控制实验场次规模的关注。这些活动不仅包括共同身份的构建，还包括可能以类似方式影响人们对群体看法的其他活动。本书的一个自然延伸是使用另一种身份构建活动或方法来构建共同身份从而检验我们研究结果的稳健性。另外，使用不同的博弈实验类型以及在更大的范围内变动实验场次的规模以被试识别行为差异的潜在阈值也是有趣的扩展。

本章参考文献

［1］ Akerlof, G. A. , and R. E. Kranton. "Economics and Identity. " *Quarterly Journal of Economics*, 2000, 115 （3）: 715 – 753.

［2］ Afridi, F. , S. X. Li, and Y. Ren. "Social Identity and Inequality: The Impact of China's Hukou System. " *Journal of Public Economics*, 2015 （123）: 17 – 29.

［3］ Benjamin, D. J. , J. J. Choi, and A. J. Strickland. "Social Identity and Preferences. " *American Economic Review*, 2010, 100 （4）: 1913 – 1928.

［4］ Bernhard, H. , E. Fehr, and U. Fischbacher. "Group Affiliation and Altruistic Norm Enforcement. " *American Economic Review*, 2006, 96 （2）: 217 – 221.

［5］ Brewer, M. B. , and R. M. Kramer. "Choice Behavior in Social Dilemmas: Effects of Social Identity, Group Size, and Decision Framing. " *Journal of Personality and Social Psychology*, 1986, 50 （3）: 543 – 549.

［6］ Buchanan, J. M. *The Demand and Supply of Public Goods*. Chicago, IL: Rand McNally and Company, 1968.

［7］ Chakravarty, S. , and M. Fonseca. "The Effect of Social Fragmentation on Public Good Provision: An Experimental Study. " MPRA Paper, No. 23115, 2010.

[8] Charness, G., L. Rigotti, and A. Rustichini. "Individual Behavior and Group Membership." *American Economic Review*, 2007, 97 (4): 1340 – 1352.

[9] Chen, R., and Y. Chen. "The Potential of Social Identity for Equilibrium Selection." *American Economic Review*, 2011, 101 (6): 2562 – 2589.

[10] Chen, Y., and S. X. Li. "Group Identity and Social Preferences." *American Economic Review*, 2009, 99 (1): 431 – 457.

[11] Chen, Y., S. X. Li, T. X. Liu, and M. Shih. "Which Hat to Wear? Impact of Natural Identities on Coordination and Cooperation." *Games and Economic Behavior*, 2014 (84): 58 – 86.

[12] De Cremer, D., and G. J. Leonardelli. "Cooperation in Social Dilemmas and the Need to Belong: The Moderating Effect of Group Size." *Group Dynamics: Theory, Research, and Practice*, 2003, 7 (2): 168 – 174.

[13] Drouvelis, M., and D. Nosenzo. "Group Identity and Leading – by – Example." *Journal of Economic Psychology*, 2013 (39): 414 – 425.

[14] Eberlein, M., and G. Walkowitz. "Positive and Negative Team Identity in a Promotion Game." Bonn Economics Discussion Papers 13/2008, Department of Economics, University of Bonn, 2008.

[15] Eckel, C. C., and P. J. Grossman. "Managing Diversity by Creating Team Identity." *Journal of Economic Behavior and Organization*, 2005, 58 (3): 371 – 392.

［16］ Fischbacher, U. "z – Tree: Zurich Toolbox for Ready – made Economic Experiments. " *Experimental Economics*, 2007, 10 (2): 171 – 178.

［17］ Goette, L., D. Huffman, and S. Meier. "The Impact of Group Membership on Cooperation and Norm Enforcement: Evidence Using Random Assignment to Real Social Groups. " *American Economic Review*, 2006, 96 (2): 212 – 216.

［18］ Goette, L., D. Huffman, S. Meier, and M. Sutter. "Competition between Organizational Groups: Its Impact on Altruistic and Anti – social Motivations. " *Management Science*, 2012, 58 (5): 948 – 960.

［19］ Gächter, S., and A. Riedl. "Moral Property Rights in Bargaining with Infeasible Claims. " *Management Science*, 2005 (51): 249 – 263.

［20］ Hamburger, H., M. Guyer, and J. Fox. "Group Size and Cooperation. " *Journal of Conflict Resolution*, 1975, 19 (3): 503 – 531.

［21］ Hargreaves Heap, S. P., and D. J. Zizzo. "The Value of Groups. " *American Economic Review*, 2009, 99 (1): 295 – 323.

［22］ Hoffman, E., and M. L. Spitzer. "Entitlements, Rights, and Fairness: An Experimental Examination of Subjects' Concepts of Distributive Justice. " *Journal of Legal Studies*, 1985 (14): 259 – 297.

［23］ Isaac, R. M., and J. M. Walker. "Group Size Effects in Public Goods Provision: The Voluntary Contributions Mechanism. " *Quarterly Journal of Economics*, 1988, 103 (1): 179 – 199.

［24］ Isaac, R. M., J. M. Walker, and A. W. Williams. "Group Size and the Voluntary Provision of Public Goods: Experimental Evidence Utilizing

Large Groups. " *Journal of Public Economics*, 1994 (54): 1 –36.

［25］ Kerr, N. L. "Illusions of Efficacy: The Effects of Group Size on Perceived Efficacy in Social Dilemmas. " *Journal of Experimental Social Psychology*, 1989 (25): 287 –313.

［26］ Leary, M. R. , K. M. Kelly, C. A. Cottrell, and L. S. Schreindorfer. "Individual Differences in the Need to Belong. " Wake Forest University, Winston – Salem, NC, 2001.

［27］ McLeish, K. N. , and R. J. Oxoby. "Identity, Cooperation, and Punishment. " IZA Discussion Paper, No. 2572, 2007.

［28］ Morita, H. , and M. Servátka. "Group Identity and Relation – Specific Investment: An Experimental Investigation. " *European Economic Review* , 2011 (58): 95 –109.

［29］ Olson, M. . *The Logic of Collective Action*. Cambridge, MA: Harvard University Press, 1965.

［30］ Smith, A. "Group Composition and Conditional Cooperation. " *The Journal of Socio – Economics*, 2011, 40 (5): 616 –622.

［31］ Stroebe, W. , and B. S. Frey. "Self – interest and Collective Action: The Economics and Psychology of Public Goods. " *British Journal of Social Psychology*, 1982 (21): 121 –137.

［32］ Sutter, M. "Individual Behavior and Group Membership: Comment. " *American Economic Review*, 2009, 99 (5): 2247 –2257.

［33］ Tajfel, H. , and J. Turner. "An Integrative Theory of Intergroup Conflict. " In S. Worchel and W. Austin (eds.), *The Social Psychology of Intergroup Relations*. Monterey, CA: Brooks/Cole, 1979: 33 –47.

实验方法在劳动经济学研究中的应用

[34] Tajfel, H. , and J. Turner. "The Social Identity Theory of Intergroup Behavior. " In S. Worchel and W. Austin (eds.), *The Psychology of Intergroup Relations*. Chicago: Nelson – Hall, 1985: 7 – 24.

· 94 ·

附录 A　实验指令

在此提供一份我们在大规模—强身份实验局中使用的实验指令。并对其他实验局的实验指令进行了相应调整。实验的第一部分是在活动室内不使用电脑的情况下进行的。在此之后，参与者被带到实验室，其余的部分都是使用电脑进行的。实验员将朗读该指令，参与者可以同时阅读发给他们的那份。

在活动室

大家好！你们现在正在参加一个经济学实验。在实验过程中，您将会参与一些活动并且做出一些决策。这些决策可以让您赚钱。您能赚多少钱将取决于您和其他参与者所做的决策。

本实验包括两个部分，共有 24 名参与者。我们首先在这儿玩一个游戏，然后去实验室使用电脑并进行第二部分。本实验将持续大约 65 分钟。

咱们现在要玩的这个游戏名字叫作"解套"。游戏的规则是这样的：请大家肩并肩面对面围成一个圆圈。将您的左手握住圆圈上一个与您不相邻的人的左手，将您的右手握住圆圈上另一个与您不相邻的人的右手，并确保您没有和与您直接相邻的人握住手，也没有和同一个人握住两只手。这样，你们已经结成了一个套子。现在请尝试在一直不松开手的情况下解开这个套子，最后形成您只和相邻的人手拉手的一个或几个圆圈。如果您不小心松开了手，请立即拉回去。你们有 10 分钟的时间"解套"。大家可以讨论并一起找出解开套子的方法。

接下来我们将到实验室进行实验。请拿好您的个人物品，我们一起去实验室。

在实验室

下面的实验将使用电脑进行。它包括两个部分，您手上的是第一部分的指令。我将会大声朗读该指令，您可以同时阅读您手上的那份。您的所有决策和回答将是匿名和保密的，其他参与者无法得知。

在实验过程中，请您不要与其他参与者以任何方式进行交流。如果您违反了这项规定，您将被禁止继续参加实验，并且不能获得任何实验收入。如果您在实验中有任何疑问，请您举手示意，实验员会来帮助您。

在实验过程中，我们将不会以人民币作为计量单位，而是以实验货币作为计量单位。在实验结束后，您的实验所得将会按照 1 单位实验货币 = 0.1 元人民币进行换算。您的全部实验所得以及 10 元出席费将会立即以现金的方式在另一个房间内单独支付给您。

第一部分

在实验的第一部分，您需要完成一个知识问答测验。您将有 6 分钟时间来回答总共 20 个问题。每个问题有 3 个、4 个或 5 个备选答案，但其中只有一个是正确的。

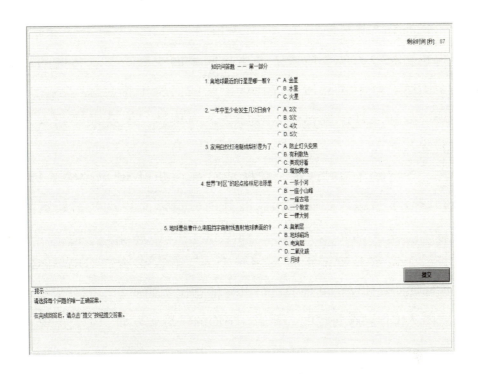

图 2 – 2 知识问答题界面

　　每页屏幕将显示 5 个问题。屏幕右上角的计时器显示您还有多少时间可以回答当页的问题。在提交答案之前，您可以任意修改答案，但是必须在时间用完之前通过点击"提交"按钮来提交答案。在提交答案之后，您将不能再修改答案。您可以选择不回答某个问题，空白答案等同于错误答案。即使您选择不回答某页的任何一个问题，也请您点击"提交"按钮以示答题完毕。如果您提前提交答案，请耐心等待其他参与者完成回答。在所有参与者均提交答案后，下一页问题将会自动出现。如果您有任何问题，请举手示意。

第二部分

实验的第二部分是由 10 轮内容相同但相互独立的实验组成的，并且每轮实验分为两个阶段。这个房间里的 4 个参与者将会随机组成一个团队。每个团队的构成在接下来的实验中将会保持不变。但是，您不会知道具体哪三个人和您在一个团队。实验最终收入为各轮实验收入之和。

在每轮实验开始时，每个团队成员都会获得 50 单位实验货币，作为初始资本。您和您所在团队的其他成员需要将这些初始资本在下列两项活动之间进行分配——个人工作或团队工作。换句话说，您的任务是决定分配多少资本用于个人工作、多少资本用于团队工作。您和您所在团队的其他成员可以将任意比例的初始资本分配给个人工作或团队工作。在每轮的一开始，下面的"分配界面"都会出现。

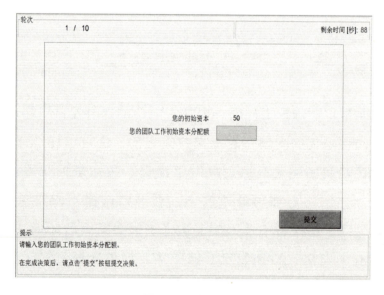

图 2-3　分配界面

该界面的左上角显示您现在正在进行的轮次，右上角的计时器显示您还有多少时间可以进行分配决策。在前两轮和后八轮中您每轮将分别有 90 秒和 60 秒的时间进行决策。您通过在资本分配框中输入一个介于 0 ~ 50 的整数来表示您决定分配给团队工作的资本，剩余的初始资本就是您决定分配给个人工作的资本。在提交决策之前，您可以任意改变决策，但是必须在时间用完之前通过点击"提交"按钮来提交决策。在提交决策之后，您将不能再改变决策。如果您提前提交，请耐心等待其他团队成员进行决策。

您在每轮实验结束时的收入包括两个部分：

（1）第一部分是您从分配给个人工作的初始资本中获得的收入。您向个人工作每分配 1 单位实验货币，您将会获得 1 单位实验货币的收入。

（2）第二部分是您从分配给团队工作的初始资本中获得的收入。您和您所在团队的其他每个成员从团队工作中获得的收入将是团队所有成员分配给团队工作的初始资本总额的一半。

> 每轮收入 = 1 ×（个人工作初始资本分配额）+ 0.5 ×（团队所有成员分配给团队工作的初始资本总额）

每个成员将从团队工作中获得相同的收入。假设所有成员分配给团队工作的初始资本总额为 60 单位实验货币。那么，每个成员将从团队工作中获得 0.5 × 60 = 30 单位实验货币的回报。

在您所在团队所有成员都完成分配决策后，下一页屏幕将会显示团队所有成员分配给团队工作的初始资本总额和您在本轮中获得的总收入。在前两轮和后八轮中您每轮将分别有 45 秒和 30 秒的时间观看"收入界面"。如果您想提前结束观看，请点击"继续"按钮。

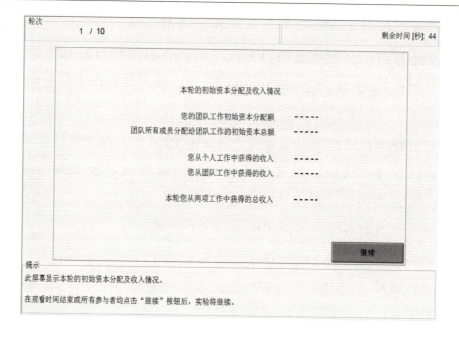

图 2 - 4　收入界面

接下来出现的"信息界面"将会显示您所在团队每个成员在本轮中分配给团队工作的初始资本占他/她自己获得的总初始资本的比率。在每轮实验开始时,每个团队成员将会随机分到一个 1 ~ 4 的数字作为其成员号。您的分配比率会在标示着文字"您自己"的下方显示。其他成员的分配比率将会在相应的成员号下面显示。虽然团队构成是固定的,但是其中的每个成员在每轮开始时都会重新随机分到一个成员号。因此,同一个成员号在各轮可能代表不同的成员。在前两轮和后八轮中您每轮将分别有 45 秒和 30 秒的时间观看"信息界面"。如果您对上面介绍的实验规则有疑问的地方,请举手示意。

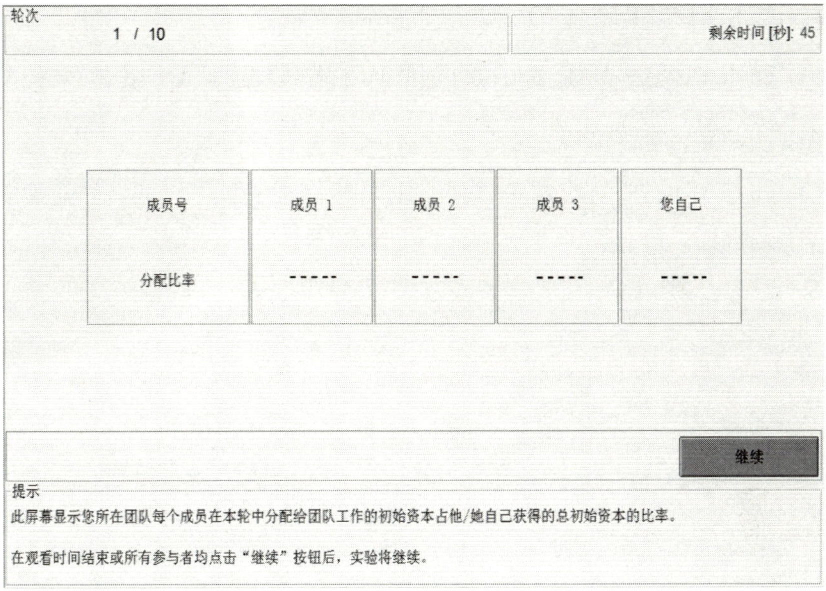

轮次				剩余时间[秒]：45
1 / 10				

成员号	成员 1	成员 2	成员 3	您自己
分配比率	-----	-----	-----	-----

继续

提示

此屏幕显示您所在团队每个成员在本轮中分配给团队工作的初始资本占他/她自己获得的总初始资本的比率。

在观看时间结束或所有参与者均点击"继续"按钮后，实验将继续。

图 2-5 信息界面

测试问题：

在进行正式决策之前，请先回答下列测试问题，以检测您是否真正理解了每轮收入的计算方法，回答测试问题没有时间限制。

（1）每个团队成员有 50 单位实验货币的初始资本。其他三个成员一共向团队工作分配了 40 单位实验货币。

1）如果您向团队工作分配了 0 单位实验货币，您在本轮的收入是多少？……

2）如果您向团队工作分配了 10 单位实验货币，您在本轮的收入是多少？……

（2）每个团队成员有 50 单位实验货币的初始资本。您向团队工作分配了 18 单位实验货币。

    1）如果其他三个成员一共向团队工作分配了 16 单位实验货币，您在本轮的收入是多少？……

    2）如果其他三个成员一共向团队工作分配了 52 单位实验货币，您在本轮的收入是多少？……

附录 B　实验后调查

请回答下面的调查问题，您的所有回答将是匿名且保密的。

1. 请问您今年多少周岁？ ＿＿＿周岁（均值 21.7，标准差 2.2，中位数 21.5，最小值 17，最大值 33）

2. 您的性别是＿＿＿

（a）女（73.4%）

（b）男（26.6%）

3. 您的民族是＿＿＿

（a）汉族（85.9%）

（b）壮族（0.5%）

（c）满族（3.7%）

（d）回族（3.1%）

（e）苗族（0.5%）

（f）维吾尔族（1.0%）

（g）土家族（1.0%）

（h）彝族（0.5%）

（i）蒙古族（0.0%）

（j）藏族（0.5%）

（k）其他，请说明＿＿＿族（3.1%）

4. 在上大学之前，您的户口属于以下哪种类型？ ＿＿＿

（a）农业户口（46.3%）

（b）非农业户口（53.7%）

（c）没有户口（0.5%）

5. 在上大学之前，您的家庭住址是

____省（市区）____市（地区/区）____县____（被试来自中国的30个省、市、自治区，不包含港澳台沪）

6. 您有几个亲生兄弟姐妹（除您之外）？（如果您是独生子女，请填"0"）____（独生子女占40.1%，有1~2个兄弟姐妹的被试占53.6%，有3个或以上兄弟姐妹的被试占6.3%）

如果您有亲生兄弟姐妹，请说明您排行第几？____

（a）第一（47.0%）

（b）第二（33.9%）

（c）第三（13.0%）

（d）第四（3.5%）

（e）第五（2.6%）

（f）第六（0.0%）

7. 在上大学之前您和多少兄弟姐妹（包括亲生兄弟姐妹、表兄弟姐妹、堂兄弟姐妹，同母异父、同父异母或收养的兄弟姐妹）一年在一起生活6个月以上（包含6个月）？（如果没有，请填"0"）____（自己生活的被试占42.7%，与1~2个兄弟姐妹一起生活的被试占40.6%，与3个或以上兄弟姐妹一起生活的被试占16.7%）

8. 请问您上的高中是寄宿高中吗？____

（a）是（60.4%）

（b）否（39.6%）

9. 请问您家（指您在上大学之前与之生活在一起的家庭）现在

每个月从各种渠道获得的家庭税前总收入是多少元？____

≤400	401~1000	1001~2000	2001~3000	3001~4000	4001~6000	6001~8000	8001~10000	10001~20000	20001~30000	30001~40000	≥40001
○	○	○	○	○	○	○	○	○	○	○	○
2.6%	8.9%	17.7%	14.6%	15.6%	17.7%	8.8%	6.8%	4.7%	1.0%	1.6%	0.0%

10. 您所学的专业是什么？

学院/研究院/所/中心（全称）____系（全称）____专业（全称）____

11. 您正在攻读的学位是____

（a）专科（1.0%）

（b）本科（71.4%）

（c）硕士（27.6%）

（d）博士（0.0%）

（e）博士后（0.0%）

12. 请问您目前正处于在读学位中的第几年？____（均值2.1，标准差1.1，中位数2，最小值1，最大值5）

13. 您是共产党员吗？____

（a）是（26.6%）

（b）否（73.4%）

14. 您现在是任何（社会或学校）社团的成员吗？例如，政治团体、兴趣小组、体育或文化社团、非营利性组织等。

（a）是（44.8%）。请列出您所有参加的社团的全称，名称之间请用逗号隔开____

（b）否（55.2%）

15. 您以前是否曾参加过任何经济学方面的实验？

（a）是（19.3%）。请说明您曾参加过的次数____次（均值1.1，标准差0.4，中位数1，最小值1，最大值3）

（b）否（80.7%）

16. 您以前是否曾参加过任何心理学方面的实验？

（a）是（66.1%）。请说明您曾参加过的次数____次（均值3.1，标准差3.3，中位数2，最小值1，最大值30）

（b）否（33.9%）

17. 在今天和您同时参加本实验的参与者中，有多少人您以前就认识？（如果您一个也不认识，请填"0"）____人（不认识任何人的被试占78.7%，认识1~2人的被试占20.8%，认识3人或以上的被试占0.5%）

18. 在过去的12个月中，您是否向任何慈善团体或非营利性组织捐过款（物）或参加过志愿性服务？

（a）是（75.5%）。请说明总捐款额（如果您曾捐过物，请将其价值折合成金额）是￥____（均值145.2，标准差194.1，中位数100，最小值0，最大值1200），志愿性服务的总时间是____小时。（均值40.5，标准差74.3，中位数15，最小值0，最大值500）

（b）否（24.5%）

19. 在下面0~10的量表上，请您评价在实验中您所感觉的和您的四人团队中的其他参与者的联系紧密程度（从左至右的联系紧密程度逐渐增强）。____（均值4.3，标准差3.0，中位数4，最小值0，最大值10）

非常不紧密										非常紧密
0	1	2	3	4	5	6	7	8	9	10
○	○	○	○	○	○	○	○	○	○	○

20.（"强身份认同"实验局中适用）在下面 0～10 的量表上，请根据您对"解套"游戏对增强团队意识所起到的作用进行评价（从左至右作用逐渐增强）。____（均值5.8，标准差3.0，中位数6，最小值0，最大值10）

作用非常小										作用非常大
0	1	2	3	4	5	6	7	8	9	10
○	○	○	○	○	○	○	○	○	○	○

第三章　灵活工作方式能否提高劳动者的劳动参与意愿

　　灵活工作条件是雇主提供给员工的一种重要的非物质激励措施。随着中国适龄劳动人口绝对数量的下降，可以通过一些非物质激励手段来刺激中国的劳动力供给。通过在中国的一个网络招聘平台发布具有不同灵活条件（无灵活、时间灵活、地点灵活、工作时间和地点灵活）的真实职位招聘广告，开展实地实验，本章探究：①灵活工作条件是否能够吸引更多求职者申请工作？②灵活工作条件会吸引哪种类型的求职者？③实验对求职者的后续申请行为有何影响？研究发现，灵活工作条件提高了求职者对工作职位的申请概率；灵活工作条件更多地吸引女性、已婚、高学历和高经验的求职者；收到具有灵活工作条件的实验职位广告推送且申请了实验职位，提高了求职者在实验后对其他提供灵活工作条件的职位的关注和申请。

一、引 言

在中国人口老龄化进程加快，适龄劳动人口绝对数量下降，劳动力供给刘易斯拐点显现的大背景下，曾经作为我国改革开放以来经济飞速发展的主要贡献力量的低价优质的劳动力供给可能成为制约我国未来经济发展的瓶颈。但劳动力成本高企导致用工企业难以通过进一步增加物质报酬来促进劳动力供给。因此，通过赋予员工更灵活的工作方式作为成本约束下重要的非物质激励手段对提升劳动力就业参与意愿，进而提高全社会的劳动参与数量和质量而具有重大的现实意义。

在当今社会，员工个性化程度增加，工作满意度不再仅仅取决于薪酬，工作具有的非物质特征对于吸引人才和提高绩效的作用正在日益凸显。在 2016 年"中国年度最佳雇主评选"中，408 万参评者从薪酬福利、雇主文化、雇主形象、组织管理、工作环境和培训发展六项中选择最佳雇主最应当具备的一项特征，只有 15.87% 的人选择薪酬福利为最重要的特征（智联招聘，2016）。由此可见，绝大部分参评者更看重诸如雇主文化、雇主形象、组织管理、工作环境和培训发展这些非物质激励的形式。

工作和个人生活是人生中最重要的两个部分（Nicklin 和 McNall，2013），实现工作与个人生活的平衡受到日益增加的关注（Mušura 等，2013）。灵活工作主要体现在员工可以决定工作多长时间（时长灵活)、何时工作(时间灵活)和在何处工作(地点灵活)(Kossek 和 Thompson，2015)，从而能将工作与家庭、休闲等其他人生角色更好地结合起来(Perlow，1997)。

近年来，发达国家关于灵活工作的尝试越来越普遍。以灵活工作时间为例，2008 年在美国有 79% 的雇主为其员工提供不同程度的灵活工作时间(Allen 等，2012)；2009 年在欧盟 27 个成员国中，至少 55% 的 10 人或以上规模的公司采用员工灵活决定工作的起止时间的管理政策(Riedmann 等，2010)。灵活工作地点的应用也相当普遍。在美国，主要在家工作的员工所占比例在过去 30 年里增长了 3 倍多(Mateyka 等，2012)。2008 年在美国占劳动力总量约 18% 的超过 2600 万人每周至少远程工作 1 天(MSNBC news article，2008)，而 2010 年在欧洲有 1/4 的员工大多在办公室以外的地方工作(Euro-found，2012)。此外，美国立法者在 2010 年颁布的法律大大增加了联邦劳动力的远程工作机会(Caillier，2012)，并且美国联邦政府还在此后继续寻求支持远程办公实施策略(Mastracci，2013)。与此同时，在控制可观察因素后，主要在家工作的员工的工资差距从 1980 年的 30% 下降到 2000 年的零差距(Oettinger，2011)。然而，一些世界知名公司，如惠普、沃尔玛、星巴克等近几年宣布放弃灵活的工作方式。

随着交通拥堵的增加以及便携式电脑和无线互联网技术的普及，在家工作的方式在发展中国家也变得越加普遍。例如，在许多发展中国家在家办公的经理人的比例高达 10% ~ 20%，远超出人们的传统印象(Bloom 等，2015)。以中国为例，目前具有灵活工作特征的非标准就业占总就业的比例已达 52% ~ 57%(曾湘泉和徐长杰，2016)。而据《2013/2014 任仕达工作世界报告》对 1200 名中国员工的调查数据显示，中国企业在采用灵活工作政策方面的表现总体高于亚洲其他地区。受访员工中的 66% 认为远程办公有吸引力，41% 相信自己具备远程办公的条件，61% 表示灵活工作有助于提高工作满意度。据该报告预测，在未来 5～10 年内可以享受灵活用工制度的员工比例将达到约 19%。

灵活工作方式对于劳动者可能存在积极的和消极的影响。灵活工作虽然可以促进工作和个人生活的平衡，然而可能由于缺乏在职培训以及和同事的交流而减少晋升机会，有些工作会以灵活工作为借口要求员工工作更长时间或在不规律的时间里工作。以往研究主要集中在灵活工作方式对已进入工作以后的员工劳动生产率的影响。大量的管理学研究采用调查或观测数据，但未得到一致的发现：有些研究发现灵活工作对员工个人层面上的工作绩效具有积极影响（例如，Konrad 和 Mangel，2000；Lyness 等，2012），而有些研究则没有发现灵活工作对员工工作绩效具有提升作用（Dunham 等，1987；Hill 等，1998；Judiesch 和 Lynness，1999）。这些研究由于存在研究数据、方法和对象上的局限而使得研究结果不能令人满意：使用的数据主要基于非随机或/和非代表性的样本自我报告的主观数据，且未能对不同形式的工作灵活性做出清晰区分；灵活工作资格获得与工作绩效之间存在双向因果关系，遗漏与灵活工作资格获得和工作绩效均相关的重要变量等内生性问题；研究对象往往已经在或预估未来将在非灵活工作条件下工作，针对已经在非灵活工作条件下工作的"老"员工来估计从非灵活工作转换到灵活工作条件对工作绩效的影响可能会对灵活工作方式的总体影响产生低估。

直到最近，为解决上述问题，出现了采用外生随机引入灵活工作的实验方法来考察灵活工作条件的因果影响的尝试。Dutcher

（2012）开展实验室实验探讨在家工作对创造性和枯燥的个人任务绩效的环境效应。他发现在家工作对创造性任务的生产率具有积极的影响而对枯燥任务的生产率具有消极的影响。Bloom 等（2015）开展实地实验研究在家工作对携程呼叫中心员工的绩效和公司的净收益的影响。他们发现，在家工作导致 13% 的生产率提高、更高的工作满意度、更低的离职率和办公费用节省，但在给定工作表现的情况下降低了约 50% 的晋升可能。这些实验研究获得的数据不再是自我报告的主观数据，对灵活工作的形式有比较清晰的界定，灵活工作条件的分配也是外生随机决定而与劳动者的个人特征无关。然而，这些实验研究仍然难以解决由于研究对象已经在或预估未来将在非灵活工作条件下工作而带来的对灵活工作条件对工作绩效影响的低估。

为了解决研究对象的问题，本书开展实地实验，并通过在中国的一个网络招聘平台发布具有不同灵活工作条件（无灵活、时间灵活、地点灵活、时间和地点灵活）的真实招聘广告并将广告推送给目标求职者获得其对实验职位的申请决策数据，结合其简历数据以及在实验前四周和实验后四周在该招聘网站所申请的其他职位的广告数据，主要探究：①灵活工作条件是否能够吸引更多求职者申请工作？②灵活工作条件会吸引哪种类型的求职者？③实验对求职者的后续求职行为有何影响？求职是就业的最初始步骤，在此步骤采用实验方法在招聘广告中外生给定不同的灵活工作条件，除可解决上述数据和方法问题之外，还可以解决研究对象对工作条件为灵活还是非灵活方式的预估和转换而造成的对灵活工作方式整体影响的低估。研究发现，灵活工作条件提高了求职者对工作职位的申请概率；灵活工作条件更多地吸引女性、已婚、高学历和高经验的求职者；收到具有灵活工作条件的实验职位广告推送邮件且申请了实验职位，提高了求职者在实验后对其他提供灵活工作条件的职位的关注和申请。

下文第二部分将对现有文献进行回顾，第三部分介绍实验设计，第四部分报告实验结果，第五部分进行小结并提出政策建议。

二、文献综述

1. 灵活工作的分类

近年来，关于灵活工作的可行措施、实施办法及其效果等方面的问题在管理学中已受到广泛关注。Kossek 和 Thompson（2015）将工作灵活归纳为时长灵活、时间灵活和地点灵活三大类。时长灵活是指员工能够决定工作时长。调整工作时长的常见办法包括减少初始工作量和准假（Connor 等，1997）。时间灵活是指在工作时长和工作量不变的情况下，允许员工在工作的时间上和安排上具有变化和自由（Avery 和 Zabel，2001；Beckmann 和 Cornelissen，2014）。地点灵活是指员工能够决定在何处工作，即允许员工在家、远程，或在特定区域或客户所在地工作以减少通勤及同事的干扰（Avery 和 Zabel，2001；Bailey 和 Kurland，2002）。薛东波（2008）基于中国的情况对灵活工作进行了较为细致的归类，并归纳了适合实施灵活工作制的企业和岗位类型。在所有形式的灵活工作中，在家工作

（Nilles，1975）越来越受到人们的欢迎（Lister，2010；Matos 和 Ga-linsky，2014；World at Work，2007，2009）。

2. 灵活工作实施的决定因素

关于影响灵活工作实施的因素，以往研究发现拥有更高技能劳动力的公司更倾向于采取增强灵活性的措施（Gray 和 Tudball，2003；Osterman，1995），女性员工占比对于灵活工作的实施存在较弱的正效应（Milliken 等，1998；Guthrie 和 Roth，1999；Perry – Smith 和 Blum，2000；Martins 等，2002；Harel 等，2003）。此外，Bloom 等（2009）的研究表明，管理更得当的公司中员工工作灵活度不一定更高。国内学者的研究表明灵活工作的实施前提是尽量强化工作流程的"模块化"分解，加强沟通并建立完善的绩效考核制度（王鹏，2006；杨继莲，2010；范成德、刘延静，2009；赵秀丽，2014）。

3. 灵活工作影响的实证研究

目前对灵活工作影响的实证研究主要基于调查或观测数据进行，研究主题集中在进入工作以后的员工表现情况，其研究结果总体上含混不清，远未达成一致。一些研究发现灵活工作对员工个人层面上的工作绩效具有积极影响，工作绩效衡量指标包括工作动力（Caillier，2012；Possenriede 等，2014）、工作时间（Eldridge 和 Pabilonia，2007，2010）、对组织的投入和感知的工作绩效（Eaton，2003；Lyness 等，2012）等。Bailey 和 Kurland（2002）总结了灵活工作的更多优势。总体而言，灵活工作通过赋予员工安排工作的更大自主权，让他们能够选择在自己工作效率更高的时间工作，以及更有效地在工作和家庭间获取平衡（Federico 和 Goldsmith，1998；Lambert，2000）。当这些好处出现时，工作绩效及员工自行决定的贡献都会增加，如更多的主动建议、更少的离职、旷工以及工作与家庭间的冲突（Crandall 和 Wallace，1998；Hill 等，1998；Lambert，2000），最终也能形成对公司层面绩效结果的积极影响（Delaney 和 Huselid，1996；Huselid 等，1997；Konrad 和 Mangel，2000；Bloom 等，2015）。此外，一些研究还发现当雇主需要员工具有较高的灵活性和响应度时，灵活工作尤其有效，如在高科技行业（Arthur，2003）或者是工作高度细分的企业中（Lee 和 Miller，1999；Guthrie 等，2002；Youndt 等，1996）。国内社会学、心理学领域对家庭工作之间的冲突开展实证研究（李晔，2003；赵娜、李永鑫，2008；李永鑫、赵娜，2009；张勉等，2011），但具体涉及灵活工作的研究则较少，且几乎完全基于调查数据。一些研究发现灵活工作在提高员工工作效率（张显东、王锦，2009；马红宇等，2014）、减少企业成本（杨继莲，2010）、降低失业率（范成、刘延静，2009）等方面存在积极的影响。

然而，其他研究则没有发现灵活工作对员工工作绩效具有提升作用（Dunham 等，1987；Hill 等，1998；Judiesch 和 Lynness，1999）。Bloom 等（2009）发现在控制生产函数中的"管理实践"变量的情况下，灵活工作对工作绩效并不存在独立的影响，而遗漏"管理实践"这一关键变量会导致工作灵活性和工作绩效之间出现伪相关。缺少面对面工作时间的灵活工作会由于减少升职和在职培训机会而对职业生涯发展产生不利的影响（Kossek 和 Dyne，2008；Elsbach 等，2010；Possenriede 等，2014）。灵活工作的负面影响还被归因于人力资本贬值、职业隔离、基于实际与预期绩效间差距的统计歧视（例如，Stafford 和 Sundström，1996；Glass，2004；Román，2006；Connolly 和 Gregory，2008；Russo 和 Hassink，2008），以及来自于管理者对使用灵活工作条件的员工的负面感知（Sousa – Poza 和 Ziegler，2003；Anger，2008；Leslie 等，2012）。部分员工或全部员工远程工作还会对协作和团队建设形成巨大挑战（Fay 和 Kline，2012；Allen 等，2015）。国内的实证研究发现灵活工作增加了企业管理的困难，由于监督减少和沟通不畅而降低员工工作效率，而且在确定核心工作时间上存在困难，容易在加班费问题上引发纠纷（黄佳、文海霞，2008；范成德、刘延静，2009），甚至还得出灵活工作负面效应较大，现阶段不应实施的结论（孙兆阳，2011；赵秀丽，2014）。Avery 和 Zabel（2001）针对研究灵活工作影响的文献进行综述发现灵活工作应有的潜在好处并未完全实现，且急需更多的研究。而 Bailey 和 Kurland（2002）所得出的结论是："迄今为止的实证研究并没有成功地识别和解释人们远程工作时所发生的具体情况。"

目前基于调查和观测数据对于灵活工作影响的研究普遍存在研究数据、方法和对象等三方面的不足：在数据方面，第一，以往使用调查数据进行的研究主要基于自我报告的主观数据作为对于核心结果变量的衡量，诸如员工自我感知的工作动力、工作投入、绩效、工作与家庭冲突等（例如，Bailyn，1988；Bélanger，1999；Hill 等，1998；Eaton，2003；Kelliher 和 Anderson，2010；Lyness 等，2012；Caillier，2012；Possenriede 等，2014）。虽然这些调查数据作为灵活工作对所关心结果变量影响的近似估计具有一定的作用，但这种自我报告的数据会因员工的报告不准确或过于乐观而带来估计结果的系统性偏差。在认识到上述问题的基础上，Hill 等（1998）指出调查方法难以完整捕获虚拟办公场所中所发生状况的足够维度，未来研究需要基于能够更为客观可靠地衡量灵活工作和结果变量的方法。第二，现有研究通常未能对不同形式的工作灵活性做出清晰区分，采用将多个维度混合的办法来综合衡量工作灵活性（Leslie 等，2012），或是仅通过单个维度来衡量工作灵活性（Eaton，2003；Lyness 等，2012）。这些方法既不能分离工作时间、时长、地点等灵活性各个维度的具体影响，也无法识别多个维度的特定组合的影响。第三，现有研究主要依赖非随机或/和非代表性的样本，难以得出具有一般性的结论。

在研究方法方面，以往主要基于调查数据和观测数据的研究通常难以解决内生性问题，因此无法识别灵活工作与一些核心结果变量之间的因果关系。Mokhtarian 和 Salomon（1997）发现希望拥有灵活工作权利和实际拥有该权利的员工人数之间存在差异，意味着被选择给予灵活工作权利的员工需要满足某些资格（例如，他们通过表现出较高的工作绩效或/和强烈的工作责任感已经获得了管理层的信任）。故直接将这些不被限制在办公室环境中的"更好"的员工与未被允许拥有灵活工作权利的员工进行比较，实际上并不能识别出灵活工作对诸如员工满意度、工作投入、绩效等各种结果变量的真实因果效应。因此，从基于上述方法的研究结果中也就难以提炼出能有效指导管理实践的政策含义。

在研究对象方面，以往主要基于调查数据和观测数据的研究通常针对已经在非灵活工作条件下工作的"老"员工来考察其从非灵活工作转换到灵活工作条件对工作绩效的影响。然而，灵活工作的潜在重要作用之一在于能够鼓励在无灵活工作条件下难以进入劳动力市场或存在进入困难的劳动力进入该市场并提高劳动参与率。因此，仅仅基于已接受非灵活工作条件的员工群体来研究灵活工作的影响，与剔除该样本选择条件后的灵活工作条件的真实影响相比，可能存在以下两方面的偏误。一方面，鉴于在家工作被普遍认为是一种人力资源福利政策（Barnett 和 Hall，2001），对已接受非灵活工作条件的员工或对已习惯必须到公司工作的员工给予灵活工作选项相当于增加了员工的福利，也可能引致这些员工因互惠动机而提升工作绩效，从而造成对灵活工作影响的高估。另一方面，灵活工作在劳动力市场上的一个重要现实作用在于提高劳动参与率，那么仅针对已经进入非灵活工作制下劳动力市场的参与者所开展的研究，也可能会低估灵活工作对总体劳动供给的影响。

为了解决采用调查数据和观测数据的研究中普遍存在的研究数据、方法和对象等问题，直到最近，出现了采用外生随机引入灵活工作的实验方法来考察灵活工作条件的因果影响的尝试（Dutcher，2012；Bloom 等，2015）。Dutcher（2012）开展实验室实验探讨在家工作对创造性和枯燥的个人任务绩效的环境效应。他发现在家工作对创造性任务的生产率具有积极的影响而对枯燥任务的生产率具有消极影响。Bloom 等（2015）开展实地实验研究在家工作对携程呼叫中心员工的绩效和公司的净收益的影响。他们发现，在家工作导致 13% 的生产率提高、更高的工作满意度、更低的离职率和办公费用节省，但在给定工作表现的情况下降低了约 50% 的晋升可能。值得注意的是，上述两项研究关于在家工作对从事枯燥工作员工的工作绩效的影响得出了相反的结论。这些实验研究通过将受试者随机分配至有灵活和无灵活的工作条件而避免进入灵活工作选择上的内生性，从而得以识别灵活工作本身对结果变量的因果影响。而且，这些实验研究获得的数据也不再是自我报告的主观数据，而是受试者在不同实验条件下真实的工作表现。然而，这些实验研究仍然难以解决由于研究对象已经在或预估未来将在非灵活工作条件下工作而带来的对灵活工作条件的工作绩效影响的低估。以前述两项实验研究为例，Bloom 等（2015）识别的是将已在呼叫中心工作的员工改变为在家工作对工作绩效的影响；而 Dutcher（2012）则是先让受试者按照在惯常开展实验的实验室中完成实验任务的预期基础上报名并确认参加该实验后，考察让他们在家完成实验任务以及对工作表现的影响。

4. 求职意愿的实验研究

近年来还出现了一些考察薪酬制度、求职信息以及企业特征等因素对劳动者的求职意愿影响的实验研究。Flory 等（2014）将使用实验室实验研究得到的解释劳动力市场中性别失衡的一个新的潜在原因——男性比女性更具竞争力推广到一个自然实地实验中，探究竞争态度的性别差异是否以及在多大程度上导致自然发生的劳动力市场上的差异。他们将近 9000 名劳动力市场上的求职者随机分配到不同的薪酬制度中。另外，通过变化个人竞争在确定工资和性别构成中的作用，考察了竞争性薪酬制度本身是否会导致不同的工作进入选择。研究结果表明，女性过度回避进入竞争性的工作环境。然而，其他一些重要因素可以减少工作进入中的性别差异，包括工作是否以团队的形式进行，职位是否具有明显的性别关联，以及求职者的年龄。女性过度回避进入竞争性的工作环境的情形在劳动力市场中存在具有吸引力的替代性就业选择时最为明显。此外，研究结果还表明，求职者对于不确定性的偏好可能与对竞争本身的偏好在对于工作进入选择方面的影响是同等重要的。

竞争力方面的性别差异被认为是推动劳动力市场结果中性别差距的一个重要因素。Samek（2015）通过对 35000 名大学生进行自然实地实验，探究薪酬制度对工作申请意愿和申请努力程度的影响。她发现竞争性的工作环境过度阻止了女性的申请，这不能仅仅由风险偏好的差异来解释。她还引入了工作是否为帮助非营利性组织的维度，并发现帮助非营利性组织的工作可以提高申请率，这表明社会偏好在申请决策中扮演着十分重要的角色。最后，她还发现了竞争偏好与职业选择之间存在相关性。

Gee（2018）通过在大型招聘网站"领英"上开展实地实验操控求职者申请工作时看到的招聘广告上是否显示此工作的实时申请人数，考察社会信息对 230 万求职者工作申请决策（开始和完成申请）的影响。实验结果显示，这种干预增加了一个人完成申请的可能性 3.5%。与男性相比，女性完成申请的可能性有较大幅度的提高。总的来说，将这一信息添加到招聘广告中可能会提供一种低成本的，既可以提高申请率，又可以改变申请人群多样性的方式。

Hedblom（2016）等发展了一个理论并采用与之紧密结合的一个自然实地实验探究招聘广告中是否体现企业社会责任和工资高低对求职者工作申请和后续工作表现的影响。他们使用收集到的数据估计带有生产力、工作质量和时间价值三个维度工人异质性的结构委托—代理模型，从而回答对于现有员工行为的实验效应相关的问题以及来自企业社会责任对于申请人群体的选择效应。他们发现，当一家公司具有企业社会责任时，它能够吸引更多的高生产率、高工作质量和更重要的休闲时间的申请者。他们也发现，企业社会责任对于提高现有员工的工作质量也起到经济上的显著效果。

尽管关于求职意愿的实地实验研究中已经较好地解决了上述研

究中存在的数据、方法和对象三方面的问题，但在已有文献中，我们尚未发现关于灵活工作条件对于求职意愿影响及后续求职行为的影响，更不用说上述影响在不同类型的工作和不同特征的求职者方面存在的差异。本书拟通过针对研究方法、对象和所获数据方面的具体改进，丰富和细化现有文献对灵活工作影响的理解。

三、实验设计

为了研究灵活工作条件对求职者求职意愿的影响，本书开展了一个实地实验。实验开展的场所是中国最大的网络工作发布平台之一的一个招聘网站；招聘企业是一个在信息行业运营的新成立的公司，对若干职位具有真实招聘需求并且计划提供灵活工作条件；实验中招聘的职位是市场调研分析的职位。

我们使用此招聘网站的职位广告模板制作了招聘广告，并按照雇主在此网站上的常规程序发布了职位招聘广告，申请截止日期为广告发布后的6天。求职者只须点击职位广告最后的"申请"按钮即可投递其按照该网站要求预先填写好的简历进行职位申请。与此同时，我们将职位广告以电子邮件的形式推送给样本目标求职者，电子邮件中包含职位广告的链接。

实验中我们使用了2×2被试间因子设计，在一个维度变换招聘工作是否包含工作时间灵活性，在另一个维度变换招聘工作是否包含工作地点灵活性，具体设置为4个不同的实验局，如表3-1所示。

其中，无灵活的实验局要求员工在周一至周五朝九晚六（8 小时工作制）在公司工作，周末双休；时间灵活的实验局允许员工每周除周一需按朝九晚六（8 小时工作制）的时间在公司工作外，周二至周五每天可在 6~22 时任选 8 小时来公司工作，周末双休；地点灵活的实验局允许员工每周除周一需按朝九晚六（8 小时工作制）的时间在公司工作外，周二至周五每天可在朝九晚六的工作时间内在任何地点登录公司的网上办公系统工作，周末双休；完全灵活的实验局同时具有上述时间灵活性和地点灵活性，即允许员工每周除周一需按朝九晚六（8 小时工作制）的时间在公司工作外，周二至周五每天可在 6~22 时任选 8 小时在任何地点登录公司的网上办公系统工作，周末双休。我们一周发布包含一个实验局的职位广告，实验第一步共持续 4 周。

表 3-1　实验局

		时间灵活	
		固定工作时间	灵活工作时间
地点灵活	固定工作地点	无灵活	时间灵活
	灵活工作地点	地点灵活	完全灵活

实验局的描述信息体现在职位广告的三个方面：第一，职位广告的标题中除了出现招聘职位名称外，还出现实验局的名称，只有无灵活实验局职位广告标题中不添加此信息。第二，职位广告中标识雇主提供给雇员的福利待遇的职位标签①中，无灵活实验局的职位标签中不包含"灵活工作"的职位标签，而其他三个实验局的职位

_____

① 职位标签还包括五险一金、绩效奖金、交通补助、通信补贴、带薪年假、年底双薪、节日福利、餐补等内容。

标签中均包含"灵活工作"的职位标签。第三，职位广告中关于工作安排时间和地点的描述根据实验局而不同。这些都是网站上其他职位广告中灵活工作条件普遍出现之处。实验局的描述信息体现在推送的电子邮件职位广告的两个方面：一是推送的电子邮件标题中除了出现招聘职位名称外，还出现实验局的名称，规则与职位广告标题中相同。二是职位广告内容中关于工作安排时间和地点的描述根据实验局而不同。

为了吸引不同层次的求职者，对于每个实验局的职位广告，我们分成了两个不同的版本，分别对应高级职位和低级职位。这两个职位除了在（税前）职位月薪、工作经验要求和职位描述上存在区别，其余广告内容均相同。高级职位的税前月薪设为 10000 ~ 20000元/月，低级职位为 5000 ~ 10000 元/月。高级职位的工作经验要求设为 5 ~ 10 年，而低级职位则无工作经验要求。

我们使用以下四个条件来定义实验的目标求职者总体：第一，求职者现居住地为北京；第二，求职者学历为大专或以上；第三，求职者简历中的"期望职位类别"与实验中广告招聘的职位类别一致；第四，求职者为活跃用户，即他们在实验开始前的 1 个月内登录过其在该招聘网站上的账户。

我们使用了以下的抽样规则。在第一周实验前我们随机抽取了实验目标求职者总体中的 1/4 作为实验组，根据其工作经验分别推送包含低级或高级职位广告的电子邮件。为了保证各实验局的样本求职者的活跃程度存在可比性，第二周至第四周每周实验开展之前我们重新提取了符合四个条件的实验目标求职者总体。在排除了前几周的实验组，以及未收到邮件推送但通过自己搜索的方式申请了我们职位的申请者后，我们随机抽取了与第一周数量相当的目标求职者作为实验组。各实验局推送的邮件数量位于 3400～3800 封之间，共计 14597 封。

四、实验结果

我们收集了实验数据和非实验数据。实验数据包括求职者是否投递简历申请实验职位。非实验数据包括所有实验样本求职者的简历数据，以及其在实验前四周和实验后四周在该招聘网站上所申请的其他职位的广告数据。下面我们将使用这些数据回答我们的三个研究问题。

1. 灵活工作条件是否能够吸引更多求职者申请工作

我们使用实验数据回答第一个研究问题——灵活工作条件是否能够吸引更多求职者申请实验职位工作。

表 3-2 报告了各实验局的职位申请情况。表 3-2 的第一列表示的是推送邮件中的职位广告包含哪个实验局，而第一行表示的是收到的工作申请来自于包含哪个实验局的职位广告。我们有四个发现：第一，由于绝大部分数字位于矩阵的主对角线上，只有很少且很小的数字位于非主对角线上，说明存在极少的求职者申请的和收到邮件推送的职位广告所包含的实验局不一致的情况。由于推送邮件中的职位广告包含的实验局体现了我们的实验操控和意图，因此，以下分析均以推送邮件中的职位广告包含的实验局为准进行划分。第

二，表3-2的最后一列前四行表示各实验局职位广告的申请数量，除具有完全灵活的职位外，申请数量均不足推送数量的1%，且申请率较低。但是实验职位申请率与该招聘网站上推送职位的平均申请率相仿，而且与该网站上同种类型的职位广告每日发布数量众多有关。第三，比较各实验局职位广告的申请数量，我们发现，具有完全灵活的职位收到的申请数量最多，远远多于其他三个实验局的职位收到的申请数量。第四，实验中还有64个申请来自于没有收到推送邮件但通过网页搜索到实验职位的申请者，占全部申请数量的37%。

表3-2 按实验局分类的实验职位申请情况

推送邮件中职位广告包含的实验局	收到的工作申请中包含的实验局				
	无灵活	时间灵活	地点灵活	完全灵活	总计
无灵活	23	0	0	2	25
时间灵活	0	18	0	0	18
地点灵活	0	0	24	0	24
完全灵活	0	0	1	38	39
其他申请者	13	9	12	30	64
总计	36	27	37	70	170

如果将表3-2的实验局进行进一步细化到职位级别，表3-3报告了各实验局各职位级别的职位申请情况。与表3-2相仿，表3-3的第一列表示的是推送邮件中的职位广告包含哪个实验局哪个职位级别，而第一行表示的是收到的工作申请来自于包含哪个实验局哪个职位级别的职位广告。我们有以下四个发现：第一，绝大部分数字仍然位于矩阵的主对角线上，只有很少且很小的数字位于非主对角线上，说明存在极少的求职者申请的和收到邮件推送的职位广告

所包含的实验局和职位级别不一致的情况。由于推送邮件中的职位广告包含的实验局和职位级别体现了我们的实验操控和意图，因此，以下的分析均以推送邮件中的职位广告包含的实验局和职位级别为准进行划分。第二，表3－3的最后一列表示各实验局各职位级别的职位广告的申请数量，除具有完全灵活的高级职位外，申请数量均不足推送数量的1%，申请率较低。第三，比较各实验局内部不同级别的职位广告的申请数量，我们发现，具有完全灵活的高级职位收到的申请数量多于低级职位，其他三个实验局高级和低级职位收到的申请数量相仿。第四，比较不同实验局同一级别的职位广告的申请数量，我们发现，具有完全灵活的高级职位收到的申请数量多于其他三个实验局的高级职位，而各实验局低级职位收到的申请数量相仿。

表3－3　按实验局和级别分类的实验职位申请情况

推送邮件中职位广告包含的实验局和级别	收到的工作申请中包含的实验局和级别								
	无灵活—低级	无灵活—高级	时间灵活—低级	时间灵活—高级	地点灵活—低级	地点灵活—高级	完全灵活—低级	完全灵活—高级	总计
无灵活—低级	12	0	0	0	0	0	0	0	12
无灵活—高级	0	11	0	0	0	0	1	1	13
时间灵活—低级	0	0	7	2	0	0	0	0	9
时间灵活—高级	0	0	0	9	0	0	0	0	9
地点灵活—低级	0	0	0	0	6	3	0	0	9
地点灵活—高级	0	0	0	0	1	14	0	0	15
完全灵活—低级	0	0	0	0	0	0	13	2	15
完全灵活—高级	0	0	0	0	0	1	0	23	24
总计	12	11	7	11	7	18	14	26	106

　　图3－1展示了收到实验职位广告推送邮件和未收到推送邮件但

通过网页搜索到实验职位广告的申请情况的对比。由于我们知道各实验局推送的广告邮件数量，左图展示的是各实验局广告的申请率。由于我们不知道各实验局未收到推送邮件的求职者中有多少人浏览过实验职位广告，右图展示的是各实验局广告的申请数。可以看出，两类求职者在不同实验局间的申请情况变化趋势接近，后者较前者更喜欢具有完全灵活的职位。

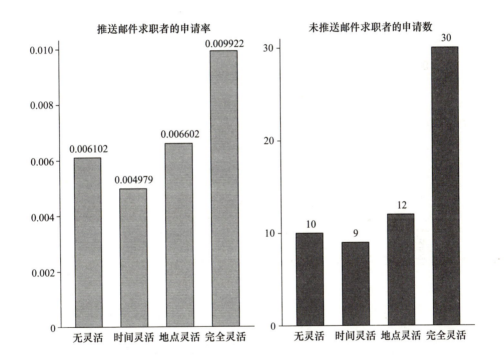

图 3-1　收到实验职位广告推送邮件和网页搜索职位广告的申请情况比较

上述分析主要基于对广告层面的实验职位申请的平均情况进行了描述统计。为了获得灵活工作条件对求职者个人层面的实验职位申请决策的影响，我们将采用回归分析。我们删除了申请者对于未收到邮件推送的实验职位的申请，从而使一个目标求职者作为一个观测值。

我们比较各实验局中收到推送职位广告邮件的实验组求职者在实验职位申请上的差异，从而考察灵活工作条件对申请决策的影响。因变量为"申请与否"的二值虚拟变量，如果目标求职者"申请"实验职位则取 1，"未申请"实验职位则取 0。我们使用 probit 模型进行估计。表 3 - 4 报告了估计结果的边际效应。第（1）列中，我们只考虑实验局而不考虑职位级别，因此，自变量为三个具有灵活的实验局的二值虚拟变量，以无灵活的实验局作为基准组。由于完全灵活的实验局无法直接与基准组进行比较，因此我们计算了一些线性组合，列示在表 3 - 4 的下半部分。我们发现，单独赋予员工工作时间或工作地点灵活性对职位申请概率不存在显著影响，而同时赋予工作时间和地点灵活性相对于仅赋予工作时间灵活性能够显著提高申请概率。单独赋予工作时间灵活性和单独赋予工作地点灵活性对申请概率的影响不存在显著差异。第（2）列中，我们将高级职位和低级职位分开，增加"高级职位"的二值虚拟变量，如果目标求职者收到了高级职位的广告推送取 1，否则取 0，并增加了"高级职位"和各实验局的交互项。这里的基准组变为无灵活—低级职位。我们发现，同时赋予工作时间和地点灵活性相对于仅赋予工作时间灵活性增加的申请概率来源于更多的对高级职位的申请。

表 3 - 4　职位申请的实验局效应

	申请与否	申请与否
	（1）	（2）
时间灵活	- 0.001	- 0.003
	(0.002)	(0.003)

续表

	申请与否	申请与否
	（1）	（2）
地点灵活	0.001	-0.004
	(0.002)	(0.003)
完全灵活	0.003 *	0.001
	(0.002)	(0.003)
高级职位		-0.001
		(0.003)
时间灵活×高级职位		0.002
		(0.004)
地点灵活×高级职位		0.007 *
		(0.004)
完全灵活×高级职位		0.004
		(0.004)
观测值	14595	14589
对变量的线性组合进行检验		
地点灵活 - 时间灵活	0.002	-0.001
	(0.002)	(0.003)
完全灵活 - 时间灵活	0.005 **	0.004
	(0.002)	(0.003)
完全灵活 - 地点灵活	0.003	0.005
	(0.002)	(0.003)
（地点灵活 + 地点灵活×高级职位） -		0.004
（时间灵活 + 时间灵活×高级职位）		(0.003)
（完全灵活 + 完全灵活×高级职位） -		0.006 **
（时间灵活 + 时间灵活×高级职位）		(0.003)
（完全灵活 + 完全灵活×高级职位） -		0.002
（地点灵活 + 地点灵活×高级职位）		(0.002)

注：括号中数字为异方差稳健的标准误。*、** 和 *** 分别表示在10%水平下、5%水平下和1%水平下的统计显著性。

综上所述，上述分析对我们的第一个研究问题——灵活工作条件是否能够吸引更多求职者申请工作——给予了肯定的回答。

2. 灵活工作条件会吸引哪种类型的求职者

我们使用实验数据和非实验数据中收到推送职位广告邮件的实

验组求职者的简历数据回答第二个研究问题——灵活工作条件会吸引哪种类型的求职者。

我们分析实验职位申请者的个人特征在各实验局中的差异。图3-2展示了各实验局中女性申请者在全部申请者中的占比，可以看出，女性申请者的比例在地点灵活条件中最高，时间灵活条件下最低，且存在显著差异。图3-3展示了各实验局中已婚申请者在全部申请者中的占比，可以看出，已婚申请者的比例在地点灵活条件中最高，时间灵活条件下最低，且存在显著差异。以上发现与我们的预期一致，说明女性和已婚求职者更加需要平衡工作和家庭之间的关系，因此更加偏好地点灵活和厌恶可能不规律的工作时间。图3-4展示了申请者所具有的最高学历在各实验局中的分布，可以看出，高学历（本科和硕士及以上）申请者更看重具有灵活条件的工作。图3-5展示了申请者平均年龄在各实验局中的分布，可以看出，各实验局中申请者的平均年龄不存在显著差异，均在30岁左右。图3-6展示了申请者具有的工作经验在各实验局中的分布，可以看出，尽管其分布比较分散，工作经验越丰富的申请者越倾向于申请具有灵活条件的工作。

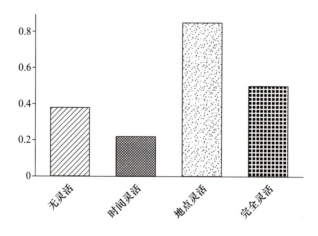

图3-2　女性申请者比例与灵活工作条件

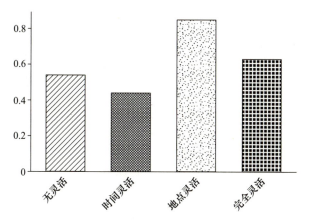

图 3 - 3　已婚申请者比例与灵活工作条件

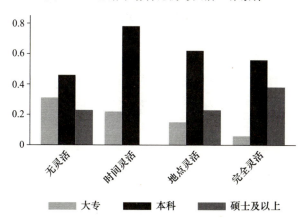

图 3 - 4　申请者最高学历与灵活工作条件

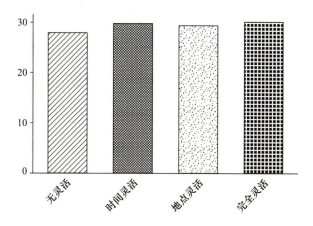

图 3 - 5　年龄与灵活工作条件

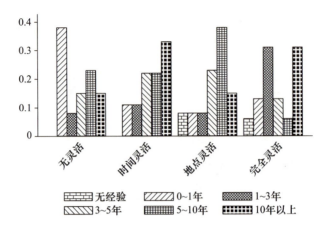

图 3 - 6　工作经验与灵活工作条件

综上所述，上述分析为我们的第二个研究问题提供了答案——女性、已婚、高学历和高经验的求职者更加看重灵活工作条件，尤以地点灵活为甚。

3. 实验对求职者的后续求职行为有何影响

为了回答第三个研究问题——实验对求职者的后续求职行为有何影响，我们使用非实验数据中收到推送包含职位广告邮件的实验组以及未收到推送邮件但通过网页搜索到实验职位的申请者在实验前四周和实验后四周①在该招聘网站上所申请的其他全部职位的广告数据，来考察实验职位广告的推送和申请对求职者在实验前后申请其他灵活工作的变化情况。如果一个职位招聘广告中雇主提供给雇员的福利待遇的职位标签中包含"灵活工作"的职位标签，我们就定义这个工作为灵活工作。

---

① 实验后四周指从实验开始之日之后的四周时间。

表3-5分实验局按照收到实验职位广告推送邮件的实验组求职者是否申请了实验职位，分别报告了他们申请的具有灵活工作特征的其他职位在申请的全部其他职位中的平均占比，以及在实验前四周和实验后四周的变化情况。在14597名实验组目标求职者中有5761名求职者在实验前四周和实验后四周申请了共计超过250000个职位，人均申请了43个职位，剩余8836名求职者则未申请任何职位，说明他们并不活跃，这在一定程度上可以解释我们实验职位中获得的低申请率。从表3-5中可以看出，具有灵活工作条件（包括时间灵活、地点灵活和完全灵活）的实验职位的申请者在实验后申请其他灵活工作的比例较实验前均明显增加；未申请者在实验后的该比例则无显著变化。这一发现说明实验职位广告中的灵活工作条件可能引起了求职者的关注和兴趣，从而更多地搜索和申请了具有灵活条件的职位。

表3-5　收到实验职位广告推送邮件的求职者申请其他灵活

工作的平均占比实验前后变化

实验局	申请实验职位			未申请实验职位			收到邮件的求职者中未申请其他任何职位的人数
	求职者人数	实验前四周	实验后四周	求职者人数	实验前四周	实验后四周	
无灵活	23	0.22	0.01	1385	0.18	0.01	2361
时间灵活	18	0.21	0.44	1361	0.19	0.18	2236
地点灵活	23	0.19	0.45	1501	0.19	0.17	1960
完全灵活	37	0.17	0.46	1413	0.19	0.18	2279
总计	101	0.20	0.37	5660	0.19	0.14	8836

表3-6分实验局报告了未收到推送邮件但通过网页搜索到实验

职位的申请者申请的具有灵活工作特征的其他职位在申请的全部其他职位中的平均占比在实验前四周和实验后四周的变化情况。在 54 名该类申请者中有 49 名在实验前四周和实验后四周申请了共计超过 60000 个职位，人均申请了 1224 个职位，说明这些申请者为非常积极的工作搜寻者。从表 3 - 6 中可以看出，无论申请者申请的实验职位是否具有灵活工作的条件，其申请的其他工作中灵活工作的占比在实验前后均无显著变化。

表 3 - 6　未收到实验职位广告推送邮件的申请者申请

其他灵活工作的平均占比实验前后变化

实验局	求职者人数	实验前四周	实验后四周
无灵活	9	0.21	0.21
时间灵活	6	0.22	0.24
地点灵活	11	0.27	0.23
完全灵活	23	0.22	0.22
总计	49	0.23	0.24

综上所述，上述分析为我们的第三个研究问题提供了答案——收到具有灵活工作条件的实验职位广告推送邮件且申请实验职位对求职者的后续灵活工作的求职行为存在正向影响。该结果意味着，通过推送包含职位广告邮件这一简单的方式不但能够提高求职者对招聘职位的申请，还可能改变申请者的求职偏好。

五、小　结

　　本书开展实地实验，通过在中国的一个网络招聘平台发布具有不同灵活工作条件（无灵活、时间灵活、地点灵活、时间和地点灵活）的真实招聘广告并将广告推送给目标求职者获得其对实验职位的申请决策数据，结合其简历数据以及在实验前四周和实验后四周在该招聘网站所申请的其他职位的广告数据，探究：①灵活工作条件是否能够吸引更多的求职者申请工作？②灵活工作条件会吸引哪种类型的求职者？③实验对求职者的后续求职行为有何影响？求职是就业的最初始步骤，在此步骤采用实验方法在招聘广告中外生给定不同的灵活工作条件，除可解决上述数据和方法问题之外，还可以解决研究对象对工作条件为灵活方式还是非灵活方式的预估和转换而造成的对灵活工作方式整体影响的低估。研究发现，灵活工作条件提高了求职者对工作职位的申请概率；灵活工作条件更多地吸引女性、已婚、高学历和高经验的求职者；收到具有灵活工作条件的实验职位广告推送邮件且申请了实验职位提高了求职者在实验后对其他提供灵活条件的工作的关注和申请。

　　在中国人口老龄化进程加快，适龄劳动人口绝对数量下降，劳动力成本高企，薪酬福利等工作具有的物质特征对于吸引人才和提高绩效的作用正在日益下降，以及工作和个人生活的平衡需求日益增长的背景下，本书的研究结果为提升劳动参与数量和质量提供了另一种选择。另外，赋予员工选择工作时间和工作地点的灵活性有助于提高劳动供给意愿，假设这些供给意愿能够转化为真正的劳动供给，则灵活工作方式将有助于提升劳动参与数量。由于灵活工作条件会更多地吸引女性和已婚求职者，对于需要承担较多家庭责任而不得不放弃社会劳动参与的可能性最大的群体，灵活工作条件提供了一种同时兼顾社会劳动和家庭劳动的可能。对于高学历和高经验的求职者而言，提供灵活的工作条件有助于提高他们的劳动参与质量，更好地发挥其进入劳动力市场之前和之后的一般性的人力资本积累的作用。由于收到具有灵活工作条件的实验职位广告推送邮件且申请了实验职位提高了求职者在实验后对其他提供灵活条件的工作的关注和申请，可见采用简单的推送方式即可增加求职者对于某种工作特征的了解和关注，因此，不失为一种政策的助推手段。

本章参考文献

［1］Allen, T. D. , Golden, T. D. , & Shockley, K. M. "How effective is telecommuting? Assessing the status of our scientific findings". Psychological Science in the Public Interest, 2015, 16（2）: 40 – 68.

［2］Anger, S. Overtime Work as a Signaling Device. Scottish Journal of Political Economy, 2008, 55（2）: 167 – 189.

［3］Arthur, M. M. Share price reactions to work – family initiatives: An institutional perspective. Academy of Management Journal, 2003, 46（4）: 497 – 505.

［4］Avery, C. , & Zabel, D. The flexible workplace: A sourcebook of information and research. Greenwood Publishing Group, 2001.

［5］Bailey, D. E. , & Kurland, N. B. A review of telework research: Findings, new directions, and lessons for the study of modern work. Journal of Organizational Behavior, 2002, 23（4）: 383 – 400.

［6］Bailyn, L. Freeing work from the constraints of location and time. New Technology, Work and Employment, 1988, 3（2）: 143 – 152.

［7］Barnett, R. C. , & Hall, D. T. How to use reduced hours to win the war for talent. Organizational Dynamics, 2001, 29（3）: 192 – 210.

［8］Bélanger, F. Workers' propensity to telecommute: An empirical study. Information & Management, 1999, 35 (3): 139 – 153.

［9］Bloom, N. , Kretschmer, T. , & Van Reenan, J. Work – life balance, management practices and productivity. In international differences in the business practices and productivity of firms. University of Chicago Press, 2009: 15 – 54.

［10］Bloom, N. , Liang, J. , Roberts, J. , & Ying, Z. J. Does working from home work? Evidence from a Chinese experiment (No. w18871) . National Bureau of Economic Research, 2015.

［11］Caillier, J. G. The impact of teleworking on work motivation in a US federal government agency. The American Review of Public Adminis- tration, 0275074011409394, 2012.

［12］Connolly, S. , & Gregory, M. Moving Down: Women's Part – Time Work and Occupational Change in Britain 1991 – 2001. The Economic Journal, 2008, 118 (526): F52 – F76.

［13］Connor, M. , Hooks, K. & McGuire, T. Gaining legitimacy for flexible work arrangements and career paths: The business case for public accounting and professional services firms. In S. Parasuraman & J. H. Greenhaus (eds.), Integrating work and family: Challenges and choices for a changing world. Westport, CT: Quorum Books, 1997: 154 – 166.

［14］Crandall, N. F. , & Wallace, M. J. Work and rewards in the virtual workplace: A new deal for employers and employees. American Management Assoc. , Inc. , 1998.

［15］Delaney, J. T. , & Huselid, M. A. The impact of human resource management practices on perceptions of organizational performance. Academy of Management Journal, 1996, 39 (4): 949 – 969.

[16] Dunham, R. B. , Pierce, J. L. , & Castaneda, M. B. Alternative work schedules: Two field quasi – experiments. Personnel Psychology, 1987, 40 (2): 215 – 242.

[17] Dutcher, E. G. The effects of telecommuting on productivity: An experimental examination. The role of dull and creative tasks. Journal of Economic Behavior & Organization, 2012, 84 (1): 355 – 363.

[18] Eaton, S. C. If you can use them: Flexibility policies, organizational commitment, and perceived performance. Industrial Relations: A Journal of Economy and Society, 2003, 42 (2): 145 – 167.

[19] Eldridge, L. P. , & Pabilonia, S. W. Are Those Who Bring Work Home Really Working Longer Hours? Productivity Measurement and Analysis, 2007: 179 – 209.

[20] Eldridge, L. , & Pabilonia, S. W. Bringing work home: Implications for BLS productivity measures. Monthly Labor Review, 2010, 133 (12) .

[21] Elsbach, K. D. , Cable, D. M. , & Sherman, J. W. How passive "face time" affects perceptions of employees: Evidence of spontaneous trait inference. Human Relations, 2010, 63 (6): 735 – 760.

[22] European Foundation for the Improvement of Living and Working Conditions. 5th European Working Conditions Survey. Publications Office of the European Union, 2012.

[23] Fay, M. J. , & Kline, S. L. The influence of informal communication on organizational identification and commitment in the context of

high – intensity telecommuting. Southern Communication Journal, 2012, 77 (1): 61 – 76.

[24] Federico, R. E. , & Goldsmith, H. B. Linking work/life bene-fits to performance. Compensation & Benefits Review, 1998, 30 (4): 66 – 70.

[25] Flory, J. A. , Leibbrandt, A. , List, J. A. Do competitive workplaces deter female workers? A large – scale natural field experiment on job – entry decisions. Review of Economic Studies, 2015, 82 (1): 122 – 155.

[26] Gee, L. K. The More You Know: Information effects on job application rates in a large field experiment. Forthcoming in Management Science, 2018.

[27] Glass, J. Blessing or curse? Work – family policies and mother's wage growth over time. Work and Occupations, 2004, 31 (3): 367 – 394.

[28] Gray, M. , & Tudball, J. Family—friendly Work Practices: Differences within and between Workplaces. The Journal of Industrial Rela-tions, 2003, 45 (3): 269 – 291.

[29] Guthrie, D. , & Roth, L. M. The state, courts, and maternity policies in US organizations: Specifying institutional mechanisms. American Sociological Review, 1999: 41 – 63.

[30] Guthrie, J. P. , Spell, C. S. , & Nyamori, R. O. Correlates and consequences of high involvement work practices: The role of competi-tive strategy. International Journal of Human Resource Management, 2002, 13 (1): 183 – 197.

[31] Harel, G. , Tzafrir, S. , & Baruch, Y. Achieving organiza-

tional effectiveness through promotion of women into managerial positions: HRM practice focus. International Journal of Human Resource Management, 2003, 14 (2): 247 - 263.

[32] Hedblom, D. , Hickman, B. R. , & List, J. A. Toward an understanding of corporate social responsibility: Theory and field experimental Evidence. Manuscript, 2016.

[33] Hill, E. J. , Miller, B. C. , Weiner, S. P. , & Colihan, J. Influences of the virtual office on aspects of work and work/life balance. Personnel Psychology, 1998, 51 (3): 667 - 683.

[34] Huselid, M. A. , Jackson, S. E. , & Schuler, R. S. Technical and strategic human resources management effectiveness as determinants of firm performance. Academy of Management Journal, 1997, 40 (1): 171 - 188.

[35] Judiesch, M. K. , & Lyness, K. S. Left behind? The impact of leaves of absence on managers' career success. Academy of Management Journal, 1999, 42 (6): 641 - 651.

[36] Kelliher, C. , & Anderson, D. Doing more with less? Flexible working practices and the intensification of work, Human Relations, 2010.

[37] Konrad, A. M. , & Mangel, R. Research notes and commentaries the impact of work - life programs on firm productivity. Strategic Management Journal, 2000, 21 (12): 1225 - 1237.

[38] Kossek, E. E. , & Dyne, L. V. Chapter 17 - face - time matters: A cross - level model of how work - life flexibility influences work performance of individuals and groups. Handbook of Work - Family Integration, 2008: 305 - 330.

［39］ Kossek, E. E. , & Thompson, R. Workplace Flexibility: Integrating Employer and Employee Perspectives to Close the Research – Practice Implementation Gap, In Oxford Handbook of Work and Family, Editors: T. Allen and L. Eby, Oxford University Press, New York, 2015.

［40］ Lambert, S. J. Added benefits: The link between work – life benefits and organizational citizenship behavior. Academy of Management Journal, 2000, 43 (5): 801 – 815.

［41］ Lee, J. W. , & Miller, D. Research notes and communications people matter: Commitment to employees, strategy and performance in Korean firms. Strategic Management Journal, 1999 (20): 579 – 593.

［42］ Leslie, L. M. , Manchester, C. F. , Park, T. Y. , & Mehng, S. A. Flexible work practices: A source of career premiums or penalties? Academy of Management Journal, 2012, 55 (6): 1407 – 1428.

［43］ Lister, K. Telecommuting benefits: The bottom line. Retrieved from http: //globalworkplaceanalytics. com/resources, 2010.

［44］ Lyness, K. S. , Gornick, J. C. , Stone, P. , & Grotto, A. R. It's all about control worker control over schedule and hours in cross – national context. American Sociological Review, 0003122412465331, 2012.

［45］ Martins, L. L. , Eddleston, K. A. , & Veiga, J. F. Moderators of the relationship between work – family conflict and career satisfaction. Academy of Management Journal, 2002, 45 (2): 399 – 409.

［46］ Mastracci, S. H. Time use on caregiving activities comparing federal government and private sector workers. Review of Public Personnel Administration, 2013 (33): 3 – 27.

〔47〕 Mateyka, P. J. , Rapino, M. , & Landivar, L. C. Home - based workers in the United States: 2010. US Department of Commerce, Economics and Statistics Administration, US Census Bureau, 2012.

〔48〕 Matos, K. , & Galinsky, E. 2014 National Study of Employers. New York, NY: Families and Work Institute, 2014.

〔49〕 Milliken, F. J. , Martins, L. L. , & Morgan, H. Explaining organizational responsiveness to work - family issues: The role of human resource executives as issue interpreters. Academy of Management Journal, 1998, 41 (5): 580 - 592.

〔50〕 Mokhtarian, P. L. , & Salomon, I. Modeling the desire to telecommute: The importance of attitudinal factors in behavioral models. Transportation Research Part A: Policy and Practice, 1997, 31 (1): 35 - 50.

〔51〕 MSNBC news article. Gas prices encourage telecommuting. Access on 20170212 at http: //www. msnbc. msn. com/id/250073 46/, 2008.

〔52〕 Mušura, A. , Korićan, M. , & Krajnović, S. Work - life and life - work conflicting croatian companies: Some perspectives. International Journal of Organization Theory and Behavior, 2013, 16 (1): 42 - 67.

〔53〕 Nicklin, J. M. , & McNall, L. A. Work - family enrichment, support, and satisfaction: A test of mediation. European Journal of Work and Organizational Psychology, 2013, 22 (1): 67 - 77.

〔54〕 Nilles, J. Telecommunications and organizational decentralization. IEEE Transactions on Communications, 1975, 23 (10): 1142 - 1147.

[55] Oettinger, G. S. The incidence and wage consequences of home - based work in the United States, 1980 - 2000. Journal of Human Resources, 2011, 46 (2): 237 - 260.

[56] Osterman, P. Work/family programs and the employment relationship. Administrative Science Quarterly, 1995: 681 - 700.

[57] Perlow, L. A. Finding time: How corporations, individuals, and families can benefit from new work practices. Cornell University Press, 1997.

[58] Perry Smith, J. E., & Blum, T. C. Work - family human resource bundles and perceived organizational performance. Academy of Management Journal, 2000, 43 (6): 1107 - 1117.

[59] Possenriede, D., Hassink, W., & Plantenga, J. Does face - time affect your career? Discussion Paper Series/Tjalling C. Koopmans Research Institute, 2014, 14 (10).

[60] Riedmann, A., G. van Gyes, A. Roman, M. Kerkhofs, S. Bechmann. European company survey 2009: Overview. European Foundation for the Improvement of Living and Working Conditions, 2010.

[61] Román, A. A. Deviating from the standard: Effects on labor continuity and career patterns. Utrecht University, 2006.

[62] Russo, G., & Hassink, W. The part - time wage gap: A career perspective. De Economist, 2008, 156 (2): 145 - 174.

[63] Samek, A. Gender differences in job entry decisions: A university - wide field experiment. Becker Friedman Institute for Research in Economics Working Paper, No. 2579257, 2015.

[64] Sousa - Poza, A., & Ziegler, A. Asymmetric information about

workers' productivity as a cause for inefficient long working hours. Labour Economics, 2003, 10 (6): 727 – 747.

［65］ Stafford, F. P. , & Sundström, M. Time out for childcare: Signalling and earnings rebound effects for men and women. Labour, 1996, 10 (3): 609 – 629.

［66］ World at Work. Telework trendlines, 2006: A Report by World at Work. Retrieved from https: //www. worldatwork. org/waw/ad-imLink?id = 17182, 2007.

［67］ World at Work. Telework trendlines, 2009: A Survey Brief by World at Work. Retrieved from https: //www. worldatwork. org/waw/ad-imLink?id = 31115, 2009.

［68］ Youndt, M. A. , Snell, S. A. , Dean, J. W. , & Lepak, D. P. Human resource management, manufacturing strategy, and firm performance. Academy of Management Journal, 1996, 39 (4): 836 – 866.

［69］范成德, 刘延静. 关于我国企业推行灵活工作制的探讨 ［J］. 商业经济, 2009 (5): 33 – 41.

［70］黄佳, 文海霞. 浅析我国企业实施灵活工作制的可行性 ［J］. 技术与市场, 2008 (12): 50.

［71］李永鑫, 赵娜. 工作—家庭支持的结构与测量及其调节作用 ［J］. 心理学报, 2009 (9): 863 – 874.

［72］李晔. 工作—家庭冲突的影响因素研究 ［J］. 人类工效学, 2003, 9 (4): 14 – 17.

［73］马红宇, 申传刚, 杨璟, 唐汉瑛, 谢菊兰. 边界灵活与工作—家庭冲突, 增益的关系: 基于人—环境匹配的视角 ［J］. 心理学报, 2014, 46 (4): 540 – 551.

［74］孙兆阳．灵活工作制的应用和思考［J］．商业时代，2011（8）：74－77．

［75］王鹏．HR：制定灵活工作制界线［J］．人才资源开发，2006（10）：99．

［76］薛东波．灵活工作制，离我们有多远［J］．人力资源，2008（15）：42－45．

［77］杨继莲．灵活工作制实施的效应及条件分析［J］．企业家天地（理论版），2010（7）．

［78］曾湘泉，徐长杰．新技术革命对劳动力市场的冲击［J］．探索与争鸣，2015（8）：32－35．

［79］张勉，李海，魏钧，杨百寅．交叉影响还是直接影响？工作—家庭冲突的影响机制［J］．心理学报，2011，43（5）：573－588．

［80］张显东，王锦．灵活工作制的委托代理模型分析［J］．软科学，2009，23（2）：119－124．

［81］赵娜，李永鑫．冲突，平衡与促进：工作—家庭关系研究的历史考察［J］．心理科学，2008，31（6）：1468－1470．

［82］赵秀丽．时间管理与灵活工作制［J］．经济研究参考，2014（64）：85－88．

［83］智联招聘．2016中国年度最佳雇主年度总报告，2016．